Roman Nies

Vorstoß ins Ungewisse
am Mount Kinabalu

Ein Reisebericht über Borneo

Bibliografische Information der Deutschen Nationalbibliothek:

Die Deutsche Nationalbibliothek verzeichnet diese Publikation in der Deutschen Nationalbibliografie; detaillierte bibliografische Daten sind im Internet über http://dnb.d-nb.de abrufbar.

Impressum:

Korrektorat: Lisa Hemauer und Magali Sandner

Copyright © 2019 GRIN & Travel

Ein Imprint der GRIN Verlag, Open Publishing GmbH

Inhalt

1. Kapitel: Der mystische Berg

Mit der südostasiatischen Insel Borneo verbindet man die Vorstellung von undurchdringlichen, dunklen Regenwäldern, wo auf eintausend Quadratkilometern ein einziges Dorf am Ufer eines Flusses kommt. Da verliert sich die Phantasie viel lieber, als dass man sich als Einzelreisender auf das Abenteuer einlassen würde, sich selber zu verlieren. Da sollen Träume erfüllt werden, die sich nicht in Alpträume verwandeln sollen. Gedacht, getan! Man sieht sich einem feuchtkühlen Pfad folgen, einen Berghang hinauf- und eine Schlucht hinabsteigen. Man fängt die ersten unterschiedlichen Stimmungen ein, die in einem ausgelöst werden, wenn man das Reich der Schatten und Grüntöne, kennenlernt, wo das Auge erwartungsvoll die Lichtleitern hochwandert und der Blick sich wieder im Kronbereich verliert, dorthin wohin die nebelige Feuchtigkeit aufsteigt, um sogleich wieder herunterzuperlen, Stockwerk um Stockwerk, um auf Farnen hängen zu bleiben oder um vom Moos aufgesaugt zu werden, das den Überschuss an zuerst kleine Rinnsale abgibt, die sumpfig versickern oder zu plätschernden Bächen anwachsen. Man kann sie noch überspringen, Flüsse werden watend überquert. Sie fließen meist flach dahin, winden sich um überwucherte, glitschige Lehmhügel, stürzen über Felsvorsprünge, Baumleichen und Wurzelwerk, die man allüberall übersteigen muss, wenn man fortkommen will. Viel Modriges, Verfallendes - alles Sterbliche wird sofort umgewandelt und lebt irgendwie weiter, aber als Mensch findet man darin keine Tröstung, sondern wird sich der eigenen Verletzlichkeit und Vergänglichkeit bewusst. Im großen, unmenschlichen Wald wird man klein und fühlt sich unbedeutend. Und man wird angeschwiegen und wird selber schweigsam. Nichts und niemand hat dir etwas zu sagen. Der Urwald ist still, dann einzelne Tierstimmen, zirpen, pfeifen, ächzen, fernes Schreien, kein

Vogelgesang. Mitteleuropäische Wälder sind lichtdurchflutet und erscheinen belebter und freundlicher. Sie sind auch längst besucherfreundlich und forstwirtschaftlich erschlossen. Querfeldein hält man nicht lange durch, denn meist trifft man in jeder beliebigen Richtung wieder auf einen Waldweg. Menschliche Spuren allüberall, und sei es nur an der Symmetrie der Wiederaufpflanzung zu erkennen. Nur noch freundliche Tiere hat der Mensch in diesen Wäldern übriggelassen. Die Wälder schwärmen von Vögeln, die besonders im Frühling ein schallendes Konzert veranstalten.

All das wird man in den Wäldern Sabahs vermissen und man versteht sehr schnell, warum Menschen aus unseren gemütlichen Breiten dieserart Wald als grüne Hölle bezeichneten. Natürlich ist dieser Wald keine Hölle, aber man muss sich ihm mit viel Bedachtsamkeit und Verstand nähern, sonst wird all das, was man an ihm als faszinierend und bereichernd erfahren hat, umschlagen zu einer alptraumhaften Dauerlast. Nichts, was vorher schön und beschaulich war, gefällt dann noch. Die Schönheiten des Urwaldes haben tausend wüste Erzeuger und zeugen tausend wüste Ableger, die man lange übersehen und übergehen kann. Die Angst, und schon kleine Fehltritte weckt sie auf, und sie beanspruchen mit unerbittlicher Härte die Widmung. Das eben noch Großartige erzeugt nun eine andere Resonanz. Die Schwaden der Begeisterung sind längst den „Wehe! Wehe!"-Rufen gewichen, zu denen sich das Blätterrascheln verdichtet hat. Man wünscht sich nur, dass die lange Nacht dem Licht des Tages weicht und dass der Geruch eines Feuers menschliche Nähe bedeutet.

Man kommt mit romantischen Vorstellungen in so ein Waldland. Die Einwohner jagen noch halbnackt mit Speeren und sammeln für uns unbekannte Wurzeln und Pflanzen. Und wenn die Gegend abgeerntet ist, zieht die Sippe weiter an die nächste Biegung des Flusses.

Und tatsächlich war es zumindest im westlichen Teil der Insel noch bis vor nicht allzu langer Zeit überwiegend so. In den nach wie vor seltenen Dörfern kann man heute gelegentlich alte Flinten in den Häusern entdecken. Ein Josua vom Stamm der Lundaye antwortete mir auf meine Frage, ob den Einheimischen denn das Jagen noch von der malaysischen Regierung genehmigt wäre, dass die Behörden im Urwald nicht gegenwärtig wären. Dass man noch mit Speeren jagt, trifft noch für viele Eingeborene zu, aber bei den Stämmen, die bereits vor zwei Generationen oder noch früher mit der sogenannten Zivilisation in Berührung gekommen sind, die im 19. Jahrhundert hauptsächlich aus Piraten bestand, werden längst Flinten verwendet. Das ist die Vorstufe zum Erzielen des Wohlstandes, wenn man meint, mit dem Jagen die Kost oder doch schon den Profit noch anreichern zu müssen.

Davon kann man sich überzeugen, wenn man in den meist vielköpfigen Familien oder den Sippen in den Langhäusern Sarawaks oder den hochgestelzten Hütten in den Dörfern Sabahs übernachtet. Und ja, die ganz wilden Wilden gibt es auch noch. Doch schon bald werden sie damit angefangen haben, in kurzen Hosen und blauen Jeans die Besucher zu begrüßen.

Aber dem Jagen widmen sich nicht mehr alle Familienoberhäupter in diesem Bundesstaat Malaysias. Viele Einwanderer gibt es inzwischen, Chinesen und Malaien, die nie gejagt haben.

Die Bewohner Sabahs, des malaysischen Bundesstaates, der nicht zu Indonesien, wie der größte Teil Borneos gehört, haben eine herausragende Besonderheit. Sie sind dabei, die übrigen Bewohner Malaysias in Fortschrittlichkeit und Bildung zu überholen. Das würden die muslimischen Malaien noch abstreiten. Was sie aber nicht in Frage stellen können, ist, dass

4

ein Großteil der Urbewohner Sabahs nominell christlich ist. In diesem Teil der Insel hatten offensichtlich die Missionare ihre Erfolge. Und die kamen im 20. Jahrhundert aus Deutschland. Sabah war im 19. Jahrhundert sogar nahe daran, deutsche Kolonie zu werden. Der moderate Verkaufspreis des Sultans war allerdings der deutschen Regierung für eine fieberverseuchte Dschungellandschaft zu hoch.

Die Flinten der Einheimischen Borneos sind nicht das Problem der Regierung. Die Christen Sabahs sind der Dorn im Fleisch. Malaysia ist ein Islamstaat und verfolgt wie andere Islamstaaten auch eine restriktive Politik gegenüber Nichtmuslimen, insbesondere gegenüber Christen. Nach der malaysischen Verfassung ist es Malaien untersagt, zu anderen Religionen zu konvertieren. Die Eingeborenen Sabahs waren nie Muslime, sondern, bevor die europäischen Missionare kamen, Animisten. Sie lebten in Abhängigkeit von den Naturkräften und verehrten die alten Götter, um damit die Natur besser in den Griff zu bekommen. Man war also weise genug, sich mit den personifizierten Verursachern der Natur gut stellen zu wollen. Der Gott der Christen brachte unbestreitbar den Vorteil, dass Er die alleinige Macht in sich vereinte. Er war Schöpfergott, also Herr über die Natur, und auch noch, was zur Natur auch dazugehört, Herr über Leben und Tod.

Die malaysische Verfassung schränkt aber auch die Verbreitung nichtmuslimischer Religionen ein. Die muslimischen politischen Parteien, die regierende und die oppositionelle muslimische Partei, sehen ihre Aufgabe darin, den Islam zu fördern und zu schützen. Infolgedessen wird der islamische Einfluss auf die Gesellschaft verstärkt und es für rechtens gehalten, andere Einflüsse zu unterdrücken. Dass dabei nichtmuslimische Minderheiten benachteiligt werden, ist selbstverständlich. Aber „Islam" heißt ja auch „Unterwerfung" und zwischen Unterwerfung und Unterdrückung gibt es einen logischen Fortsetzungszusammenhang. Für das eine werden Islamisierungskampagnen inszeniert, für das andere Diskriminierungskampagnen. Durch entsprechende Propaganda und Handlungen bis zur Gewaltanwendung werden bewusst und ungeniert ethnische Unruhen angeheizt, die eine weitere Ausbreitung oder Entfaltung der Christen verhindern sollen, denn sie sollen als Bedrohung der islamischen Gesellschaft aufgefasst werden.

Christliche Konvertiten erleben die stärkste Verfolgung, da jeder ethnische Malaie als Muslim betrachtet wird. Jeder, der davon abweicht, verstößt nicht nur gegen die Verfassung, sondern wendet sich auch gegen die Gesellschaft als Ganzes und natürlich gegen die Familie und Nachbarn. Das kann nicht geduldet werden. Hierin unterscheidet sich Malaysia von keinem anderen Islamstaat. Eigene Familienmitglieder werden zu Mördern, die keinesfalls die Glaubensfreiheit respektieren können.

Auf Sabah gibt es Katholiken und Methodisten, aber auch viele protestantische Freikirchen, die stärker bekämpft werden, weil ihre Missionare als erfolgreicher gelten. Die Regierung und die Behörden werden von ihren christenfeindlichen Bemühungen nicht von der malaysischen Bevölkerung allein gelassen. Die muslimische Bevölkerung lebt einerseits lediglich den Glauben, wie ihn ihre Imame vertreten, und das bedeutet, dass man mit Christen nicht freundlich umzugehen hat, wenn man dadurch keine Vorteile hat. Andererseits profitiert sie von der Förderpolitik der Regierung. Muslime, d.h. Malaien, sind Bürger erster Klasse, Christen, d.h. Nicht-Malaien, sind Bürger zweiter Klasse. Die Eingeborenen Sabahs, die überwiegend Christen sind, sind Bürger dritter Klasse. So zum Beispiel die große Stammesgruppe der Bumiputra, der „Söhne des Bodens". Oder auch die Kadazan-Dusun, die Bajau und Murut.

Da gerade die ureigene Bevölkerung große Fortschritte in der Bildung und im Wohlstand gemacht hat und das mit dem Christentum in Verbindung gebracht wird, unterstellt man den Christen eine Verschwörung, die den Islam aus Malaysia verdrängen soll. Auch das ist ein verbreitetes Phänomen im Islam. Die Idee, eigene Misserfolge müssten Verschwörungen geschuldet sein.

Auf dem malaysischen Festland sind zwar die Malaien auch „Söhne des Bodens", die deshalb in den Bereichen Wohnungsbau, Schulen sowie anderen Regierungsvorhaben bevorzugt werden. Aber gegenüber den indigenen Sabahs verfolgt man, ganz verfassungsgemäß, eher die Politik „Wir Malaien sind die Putra, die Söhne, die über die Bumi, den Boden herrschen." Diese Vorstellung gefällt: Muslime, die über Christen stehen? Oder doch lieber auf ihnen herumtrampeln? Die Realität in Sabah deutet eher auf das Letztere hin.

In Indonesiens Teil der Insel Neuguinea habe ich Jahre später die gleichen Beobachtungen gemacht und die gleichen Berichte von Einheimischen gehört. Auch dort sind die Eingeborenen Christen geworden. Auch dort machen sie seither große Fortschritte und melden Recht an unter dem Argwohn der muslimischen Regierung, die nichts dagegen tut, wenn die muslimischen Indonesier ihrer Abneigung durch Pogrome Luft verschafft. Übrigens geschieht das unter dem völligen Desinteresse des Westens und der UN. Man meint, dass Christen Freiwild sein dürfen, während man endlos gegen Israel Resolutionen entwirft. Es genügt bereits, wenn irgendein Palästinenser von einem Israeli vermeintlich benachteiligt wurde, dann kommt es zu einer Anklage auf breiter Front.

Was man von den Palästinensern sagen kann, trifft auf die Bewohner Sabahs nicht zu. Sie wollen die „Besatzer" nicht bekämpfen oder terrorisieren oder gar auslöschen, sie wollen nur in Ruhe gelassen werden und eine Chance haben, in der Gesellschaft Malaysias ihren Weg zu gehen, wie jeder andere Malaie. Das ist jedoch weder mit der Verfassung noch mit dem Islam zu vereinbaren.

Für die Bewohner Sabahs birgt nicht der Dschungel mit seinem Klima und den wilden Tieren die Gefahren und Beschwernisse, sondern der Umgang und die Behandlung durch die muslimischen Malaien.

Von alledem bekommen Touristen, die nur der Natur wegen nach Sabah kommen, nichts mit. Die Bewohner sind überwiegend unpolitisch und werden von sich aus nicht damit anfangen, über Politik oder die Belästigungen und Benachteiligungen durch die Behörden zu reden. Sie kommen zu ihren Naturerkundungen, sie wandern durch Wälder zu Wasserfällen und Seen, baden in Flüssen, halten Ausschau nach exotischen Vögeln und Schmetterlingen, besuchen die Orang-Utan-Auswilderungsstation in Sepilog oder die Nasenaffen in Kinabatangan. Vielleicht will man sich dieser eigentümlichen Atmosphäre im Urwaldambiente aussetzen, wo man damit rechnet, dass einem einer der seltenen Elefanten über den Urwaldpfad läuft oder sich eines der noch selteneren Nashörner im Dickicht erkennen lässt. Allenfalls reist man zu den Urwalddörfern, um dort einen Eindruck des Ursprünglichen zu bekommen. Das war bei mir nicht anders.

Und dann schließlich als Krönung der Ausflug zum Mount Kinabalu mit seiner alles überragenden Höhe. Bis in die Wolken ziehen die Nebelschwaden an seinen steilen Hängen hoch, vollständig umwaldet. Dort unten schwirren Kolibris und Papageien durchs Geäst, schleichen Säugetiere, die sich entweder nicht von Raubtieren erjagen lassen wollen oder selber zu den Jägern gehören. Die Gewächse des Bodens wachsen riesiger als anderswo. Das Moos schluckt die Laute, die Bartflechten und Epiphyten streuen die Reste und bilden zudem einen Vorhang, der das Licht filtert. In diesem Biotop wachsen auch die Bodenbewohner größer als anderswo: Amphibien, Insekten und Würmer mit verblüffenden Ausmaßen.

Eine Welt für sich, die manchen an ein verlorenes Paradies, eine noch unentdeckte Insel, andere an eine gefundene Hölle denken lässt. Es ist aber eine ungemütliche, feuchte Welt, wenn man nicht in einer Hütte an einem offenen Feuer mit einer Tasse Tee in der Hand sitzen kann.

Und man wird oft alleine mit einem Einheimischen sitzen, denn Sabah ist nicht überlaufen. Sabah ist etwas größer als Bayern, hat aber im Unterschied eine 1.400 Kilometer lange Küste mit vielen ungenutzten Sandstränden und Tauchgründen. Sabah ist wegen seiner Lage südlich des pazifischen Taifungürtels „negeri di bawah bayu", das „Land unter dem Wind". Ein Ort der Ruhe? Man wird sehen!

Mein Plan im malaysischen Teil Borneos war erstens, den Mount Kinabalu zu besteigen, den höchsten Berg in Südostasien, zweitens die asiatischen Menschenaffen in den Wäldern zu sichten und drittens eine blühende Rafflesia zu finden. Letzteres gelang mir nicht, obwohl ich dafür einige Anstrengungen unternahm. Zum Trost belohnte ich mich mit einem Tauchgang in den Korallenriffen vor der Küste Sabahs. Aber diese Entspannung brauchte ich aus einem anderen Grund. Da war dieser Einsatz in Low's Gully. Aber der Reihe nach.

Von allen Ländereien Borneos schien mir Sabah, die nördlichste Provinz Borneos, die interessanteste zu sein. Es hat dichte, undurchdringliche Wälder und Korallenriffe, vor allem aber eine der merkwürdigsten Erderhebungen in den tropischen Breiten, den Mount Kinabalu, um den sich zwar vielleicht nicht mehr Legenden ranken als um andere majestätische Gipfel dieser Erde. Jedoch scheint man sich hier nicht so sicher zu sein, dass sie nicht wahr sind, wenn man einige Zeit im Land ist. Das liegt vielleicht an der Aura, mit der dieser Berg sich und das ganze Umland zu umgeben scheint. Man meint sie zu spüren, und wenn man das noch ungenau Erspürte näher untersucht, stellt man fest, dass es tatsächlich immer noch Geheimnisse und Merkwürdigkeiten gibt, die noch niemand gelüftet hat. Und schon überlegt man, ob dies nicht unbedingt eine Aufgabe sei, der sich der neugierige Abenteurer und aberwitzige Forscher hingeben sollte. Und wenn er denkt, er sei schon auf eine brauchbare Spur gestoßen, stellt er auf einmal fest, dass sogar noch eine neue Herausforderung hinzugekommen ist. Man ist gewissermaßen in eigener Sache unterwegs und muss ihr, wo nicht auf den Grund gehen möglich ist, so viel näherkommen, dass man wenigstens wieder mit einem guten Gefühl nach Hause fahren kann. Zwischen Anspruch und Wirklichkeit – da liegt das Abenteuer.

Und darum geht es in dieser Geschichte, die sehr real und doch überaus seltsam ist. Ob sie merkwürdig ist? Dazu bräuchte es einer sicheren Würdigkeit, die wohl eher der Urteilskraft des Lesers überlassen werden muss. Immerhin, auch in dieser Geschichte wird sich zeigen, dass die Menschen, die normalerweise wenig gefordert werden, wenn sie ihren alltäglichen gewöhnlichen Tätigkeiten nachgehen, über sich hinauswachsen können, wenn es sein muss. Neue Situationen fordern das geistige Potential der Menschen heraus, erst recht, wenn es darum geht, sich irgendwie bewähren zu müssen. Sie verlangen, auf eine besondere Weise behandelt zu werden, und der Mensch hat die Chance, vom Reagieren aufs Agieren zu kommen, bis er alles im Griff hat. Ob es ihm dann wieder entgleitet, ist eine andere Sache. Aber wenigstens möchte er sagen können: „so weit, so gut!" Und die Natur, die der Mensch eben nicht immer im Griff hat, hat nicht selten auch ein gewichtiges Wort mitzureden. Das gilt besonders in Borneo,

dessen westlicher und nördlicher Teil noch weitaus natur-
überlassener ist als der indonesische.

Noch ist die Infrastruktur am Ende des zwanzigsten Jahrhunderts
nicht so weit fortgeschritten, dass alle Dörfer der Eingeborenen
durch befahrbare Wege miteinander verbunden wären. Immer
noch gibt es ausgedehnte Wälder. Besonders die Gegend um das
Bergmassiv des Kinabalu ist zu Ende des zwanzigsten
Jahrhunderts, zu dem diese Geschichte spielt, noch weitgehend
unerschlossen. Der Status eines Nationalparks vermag zu
schützen. Jahrhunderte lang zog es Forscher, Entdecker und
Abenteurer auf der Suche nach dem Exotischen und
Außergewöhnlichen hierher. Es waren immer nur wenige, die
alles zugleich waren, dazu trieben sie zur Not oder aus
Berechnung auch der Handel, um ihr Ziel zu erreichen. Viele
verließen das Land wieder, ohne ans Ziel gekommen zu sein.
Andere sind gekommen, die nicht auf Abenteuer aus waren,
sondern ihr Verständnis von Zivilisation mitbringen. Ihnen geht
es nur um das Geschäft. Als Folge davon wird die Natur
„kultiviert" und alles, was an Naturschönheiten und -
besonderheiten heute noch Reisende in den Bann zieht und den
traditionell lebenden Eingeborenen als Lebensgrundlage dient,
wird zerstört werden. Mit Geld kann man sich etwas kaufen, mit
Natur nicht, außer man verwandelt sie in Geld. Eine bedenkliche
Nähe zwischen Geld und Natur wird hergestellt, bei der auf Dauer
vielleicht doch wieder nur der Schwächere untergeht. Es sind die
muslimischen Malaien und die geschäftstüchtigen Chinesen, für
die die Natur nur in Verbindung mit Geld schön ist. Auch sie geben
der Natur eine besondere Behandlung. Aber bei ihnen ist es eine
Sonderbehandlung. Das ist ein Vorurteil, das ich leider allzu oft
bestätigt gefunden habe. Und die zunehmende Zerstörung der
Wälder widerlegt es sicherlich nicht. Man muss kein Prophet sein,
um zu sagen, dass die Wälder Borneos dem Untergang anheim-
fallen werden.

Ich bereiste zunächst Borneo, ehe ich noch einige Wochen auf dem malaysischen Festland zubringen würde. Die Beobachtungen waren die gleichen. Die Leute, die ich im zivilisierten Teil des Landes traf, hatten überall ein eher reserviertes, um nicht zu sagen gleichgültiges Verhältnis zur Natur. Ausnahmen schienen eher die Regel zu bestätigen, denn viele Ausnahmen gab es nicht und die meisten lebten davon, Ausnahmen zu sein. Ein Park Ranger im Kinabalu National Park wird sich nicht für eine Abholzung der Primärwälder begeistern lassen. Ich bin mir aber keinesfalls sicher, ob ein paar Dollar seiner Vorliebe nicht abhelfen und seinen kühlen Pragmatismus offenlegen könnten. Man muss einem modernen Asiaten nur seinen Preis nennen.

Der Kinabalu ist angeblich der jüngste nicht-vulkanische Berg der Welt. Der Name ist abzuleiten von Aki Nabalu. So nennen die einheimischen Dusun den verehrten Platz der Toten. Andere Völker halten die Gipfel der hohen Berge für die Thronsessel der Götter, bei den Dusun ist der Wunsch bemerkbar, ihre Verstorbenen möglichst weit vom Dorf weg in unzugänglichen Höhen zu wissen. Wenn es nicht gleich der Himmel ist, soll es jedenfalls nicht die Unterwelt sein, der die Sterblichen näher sind. Die Vorstellung der Dusun ist nachvollziehbar und zeugt von praktischem Denken. Sie zeigt aber auch, dass die Dusun kein Bergvolk sind. Wenn man den Kinabalu zum ersten Mal sieht, glaubt man zu verstehen, dass sich an seinen Flanken kein Volk so wohl gefühlt hat, seinen Wohnsitz weiter nach oben zu verlegen. Bergvölker rücken ja ohnehin nur gemächlich über Täler weiter nach oben. Gemächlichkeit am Kinabalu gibt es nicht.

Der Anblick des Berges ist ganz im Gegenteil ehrfurcht-erheischend. Wenn sein Gipfel dann auch noch von einem Wolkenheer umlagert ist, und das ist meistens der Fall, dann hält man den Glauben der Dusun an die Wohnstatt verblichener Geister nicht mehr für ganz so abwegig. Ich konnte mir bei meiner

Annäherung von der Küste aus sehr gut vorstellen, was der erste Weiße, Captain Edward Belcher von der Royal Navy gedacht haben mag, als er vor Kota Kinabalu, heute der Hauptstadt der Provinz, zugleich neben Kuching die wichtigste Hafenstadt im malaysischen Westborneo, des Berges zum ersten Mal ansichtig wurde. Von der Küstenstadt sind es gerade mal 90 Kilometer. Das Vorland ist flach. Aus dem tropischen Waldmeer ragt der wuchtige Berg majestätisch 4.200 Meter in den Himmel, ganz unvermittelt erhebt er sich beinahe drohend steil empor. Da er frei steht, sieht er umso mächtiger und größer aus. Er ist eigentlich die nördlichste Verlängerung der immer niedriger als 2.000 Meter hohen Crocker Range. Nördlich davon flacht das Gelände wieder ab in weglosen Dschungel, der nach 50 Kilometern am südchinesischen Meer endet.

Der Kinabalu liegt, vielmehr steht da wie ein Riese. Als solcher zeigt er sich weitum und versteckt sich nicht wie andere hohe Berge hinter Vorgipfeln und Vorgebirgen, wie zu vornehm, um sich jedem jederzeit zu zeigen. Er stellt an sich eine Majestät dar, einen Souverän, als wäre er ein Zeugnis von Selbstsicherheit, als wähne er sich in seiner optischen Nahbarkeit doch körperlich unnahbar. Hohe Berge „wissen", dass die kurze Verweildauer der wenigen, die ihnen nahekommen, wie ein Hauch ist, der schnell verfliegt. Und außerdem werden Menschen, die vorher noch viel von sich hielten durch die mühselige und oft auch gefahrvolle Bewegung nach oben meist kleinlaut und demütig. Das kann ein Berg verkraften.

Es gibt immer noch keine überzeugende Erklärung dafür, warum Animismus bei den Menschen so weit verbreitet ist. Berge, Flüsse und andere gegenständliche unbelebte Materieansammlungen haben kein Eigenleben und niemand kann sich auf die Naturwissenschaften berufen, wenn er behaupten will, dass Bäume eine Seele haben. Und doch gibt es Menschen, die davon überzeugt sind, und viele andere, die es zwar nicht glauben, aber sich doch oftmals nicht des Eindrucks erwehren können, als gäbe es noch eine Welt jenseits der groben Sinneswahrnehmungen. Eine Welt eben der feinen Sinneswahrnehmungen. Doch leider haben wir keine feinen Sinnesorgane oder zumindest üben wir nicht den geschickten Gebrauch, dass wir von ihrer Existenz vieles wüssten. Woher kommt dieser Eindruck, wenn er keine reelle, stoffliche Ursache hat?

Auch wenn man nicht glaubt, dass Berge eine Seele haben, so weiß man deshalb noch lange nicht, ob sie eine völlig geistfreie Zone sind. Es gibt vieles, was unser Denken und Fühlen beeinflusst, was nicht oder noch nicht mit unseren Messinstrumenten messbar ist. Ob man es atmosphärische Schwingungen nennt oder Aura oder Elektromagnetismus oder irgendwie anders, hebt das Phänomen an sich nicht auf, solange man der Ursache noch nicht auf den Grund gegangen ist. Der menschliche Geist hat ein weites Spektrum an Eigenaktivität. Es gibt aber Ursachen für sein Tun, die nicht in ihm selbst geboren worden sind.

Borneo ruft seit jeher abenteuerliche Assoziationen hervor: unerforschter Dschungel, grüne Hölle, wilde Eingeborenenstämme, Verstecke von Piraten, seltsamerweise auch versunkene Tempelstädte, die es dort wohl nie gab, dafür reißende Flüsse, unwägbare Sümpfe, seltene Tiere, viele noch zu entdeckende Naturwunder. An hohe Berge denkt man eher weniger.

Umso überraschender traf mich dann der Anblick dieses hohen Berges, der so unheimlich hoch war, dass man nicht einmal seinen Gipfel sah. Ringsum war der Himmel unbedeckt, nur der Kinabalu hatte sein Haupt verborgen. Sogleich empfindet man den Reiz, hinter diesen Wolkenvorhang zu schauen. Ich war ja nicht behindert durch die furchtsame Vorstellung der Einheimischen, dass dort oben die Geister der Verstorbenen hausten. Diese Wolkendecke forderte die Neugier auf eine ebenso wenig rationale Art heraus wie die Verehrer der Totengeister aus Ehrfurcht dem Berg fernbleiben. Die Vernunft tut ja immer sehr klug, aber nicht immer ist sie gefragt! Auch kann sie sich ihren Hinweis auf eine brüchige Begründung, warum man gerade da so hoch hinauswollen könnte, sparen. Es ist einfach, in einem Buch nach einem Bild zu suchen, das den wolkenfreien Gipfel zeigt. Aber Bilder zeigen auch nur eine Momentaufnahme, die Dinge wandeln sich. Und so sagt der Geist oft zur Seele: „Was bist du so unruhig in mir, Seele!" Und merkt nicht, dass er mit ihr auch die Unruhe vereinnahmt hat und sich anschickt, etwas dagegen zu unternehmen.

Der Kinabalu hat dort oben meist nichts als Felsen und schlechtes Wetter zu bieten. Die Temperaturen fallen zwar selten unter null Grad, gefühlt sind es aber in Verbindung mit dem starken Wind und den Niederschlägen äußerst ungemütliche Minusgrade. Es lässt sich dann kaum ein unwirtlicherer Ort vorstellen. Kein Wunder also, dass die Einheimischen noch nie Lust verspürten, ihre Ahnen zu besuchen. Sie sind praktische Denker. Es waren natürlich Weiße, die zuerst ganz oben waren. Das heißt, man kann es eigentlich nur vermuten, denn man findet auch heute keinen Dusun, der von sich oder seinen Vorfahren behauptet, es gäbe eine Vorliebe für die Ersteigung des Kinabalu unter den Einheimischen oder es hätte jemals eine gegeben. Er sieht ja auch nicht nur unnahbar aus, er ist es auch. Er ist ein steiler Felsklotz, der jeden zaghaften Versuch senkrecht abweist. Wer ganz nach oben will, muss auf jeden Fall klettern. Gibt es etwas Unsinnigeres, als mit viel Mühe irgendwo hinauf zu gehen, wenn man mit ebensolcher Mühe wieder hinab muss, ohne dass man oben ein wichtiges Geschäft verrichtet hat?

Schon der arabische Reisende Ibn Batuta hatte im 14. Jahrhundert den Kinabalu als „Großen Berg der Wolken" bezeichnet. Er schrieb: „Am Fuß des Berges entstehen schwarze Wolken, die von

Meereswinden nach oben getrieben werden…". Der Kinabalu kreiert wie jeder große Berg sein eigenes Klima. Weil er so frei steht und von Meereshöhe aus einem feuchtheißen Klima herausragt, ist er besonders anfällig für vehemente Wolkenbildungen.

Hugh Low war 1851 der erste, der versuchte, den Gipfel zu erreichen. Heutzutage stellt die Anreise zumindest zum Fuß des Berges kein Problem dar. Damals musste man sich noch mühevoll durch den Dschungel kämpfen und war auf die Hilfe der Einheimischen angewiesen. Low erreichte auch das Gipfelplateau. Dort gibt es jedoch mehrere Gipfel, die ein Geheimnis daraus machen, welcher denn nun der höchste ist. Der höchste unter ihnen wird zwar heute als „Low's Peak" bezeichnet, bestiegen hat ihn Low aber nicht, obwohl er von allen Kinabalu-Gipfeln am leichtesten zu besteigen ist. Wohl eben deshalb. Low hatte, oben angekommen, andere Sorgen. Er hatte Träger vom Stamm der Kadazan, die sich zusehends unwohl fühlten im vermeintlichen Sanctum Sanctorum ihrer Ahnen. Da halfen auch die Opfergaben nicht, die der Tradition entsprechend an einer Stelle unterhalb des Gipfelplateaus, das heute als Panar Laban bezeichnet wird, abgelegt wurden: weiße Hühner, Reis, Betelnüsse, Sireh und Tabakblätter.

Einige Jahre später kam Low zurück. Dieses Mal hatte er seinen Freund St. John dabei. Dafür fehlte es ihm an der angemessenen Ausrüstung. Wenn man über schlüpfrige Felsen klettern, durch Flüsse waten und sich durch das Pflanzengewirr des Urwaldes kämpfen muss, braucht man zumindest festes Schuhwerk. Das hatten die beiden nicht, irgendwann gingen sie barfuß, was wegen der Blasen erschwert wurde. Schließlich musste Low aufgeben. Sein Freund ging weiter und erreichte mit ein paar Helfern die gleiche Stelle auf dem Gipfelplateau wie früher schon Low.

Der massive Klotz wirft solche Schatten, dass alles drum herum zwergenhaft wirkt.

Der Kinabalu ist eine Welt für sich, vielleicht auch eine Unterwelt für sich. Er ist in jeder Beziehung prominent. Deshalb ist er auch auf der Landesflagge Sabahs zu sehen. Der Kinabalu ist längst zum Mittelpunkt des gleichnamigen Nationalparks geworden, der immerhin 745 km² umfasst. Er hat viele Besonderheiten zu bieten. Einigen davon würde ich noch begegnen. Der Park liegt auf einer Höhe ab 150 Metern, was bedeutet, dass er alle Vegetationszonen hat, angefangen vom tropischen Tieflandregenwald bis hinauf zur alpinen Zone. Man kann also innerhalb eines Tages eine weite Reise machen – botanisch gesehen – und dabei mehr als 6000 Pflanzenarten riechen, sichtbar unterscheiden wird man sie nicht alle können. So viele Arten, wie sie der Kinabalu beherbergt, gibt es in Nordamerika und Europa zusammen nicht. Aber dort regnet es nicht so viel und so warm ist es auch nicht. Professor Corner von der Uni in Cambridge sagte, der Park habe die reichste und bemerkenswerteste Sammlung von Pflanzen der Welt. Er war in den vierziger Jahren im Botanischen Garten Singapur beschäftigt und leitete in den sechziger Jahren mehrere Exkursionen zum Kinabalu. Er sollte es also wissen.

Die Hauptattraktion des Parks bleibt aber der Berg selbst. Heutzutage ist er viel einfacher zu besteigen als zu Zeiten Lows oder Enriques, als man sich den Weg noch mühselig durch die dichte Vegetation suchen musste, die bis auf eine Höhe von ungefähr 3700 Metern reicht. Man hat längst einen Pfad bis unter den felsigen Gipfelaufbau angelegt. Von dort geht es über Leitern und Fixseile zwar anstrengend, aber technisch unschwierig die letzten 800 Höhenmeter zum Gipfel hoch. Vorher kann man sich in einer Berghütte ausruhen und stärken. Man braucht nicht, wie die früheren Gipfelaspiranten, im Freien zu campieren oder für das mehrtägige Unternehmen die entsprechende Menge an

Proviant und Ausrüstung mitschleppen. Jeder, der halbwegs fit ist, schafft den Aufstieg, wenn ihm nicht die Höhe als solche zu sehr zu schaffen macht. Immerhin muss man in zwei Tagen 4000 Höhenmeter bewältigen. Das ist für jeden Kreislauf eine Belastung. Das sagt das Denkorgan sogar als unmittelbar Betroffener. Es hat gute Chance die Höhenkrankheit aus eigener Erfahrung kennen zu lernen.

Das größte Problem ist aber das Wetter, denn das ist wie bei allen hohen, freistehenden Bergen unberechenbar. Früher bedurfte es einer Expedition, um so weit nach oben zu gelangen. Heute reicht eine Stamina, die nur wenig über der durchschnittlichen Bereitschaft sich zu quälen liegt. Und nur bei widrigen Verhältnissen gibt es ernsthafte Probleme. Doch das ist jedem, der schon einmal in den Bergen war, bekannt. Eine einladende Berglandschaft wird äußerst unwirtlich, wenn das Wetter umschlägt. Aber wer macht sich schon an das Unternehmen, wenn das Wetter nicht mitspielt? Das einzige Problem ist dann, so schnell wie möglich in der Schutzhütte unterzukommen.

Wie sehr der Berg seinen Schrecken verloren hat, sieht man auch daran: seit den 80er Jahren wird alljährlich ein Climbathon durchgeführt. Die Wettkämpfer rennen in einigen wenigen Stunden zum Gipfel und wieder zurück. Der Normalsterbliche benötigt zwei Tage, weil er am ersten Tag bis zur Panar Laban Hütte auf 3344 Meter hochsteigt und erst in der Nacht zum Gipfel aufbricht, um dort den Sonnenaufgang am nächsten Morgen zu erleben. Bei einer eintägigen Tour würde man auch seinen Knien keinen Gefallen tun, zumal man ja meist noch weitere Unternehmungen im Anschluss plant, bei denen man sein Beinwerk benötigt. Damit sich kein Kunde verirrt, ist der Guide als Begleiter eher ein obligatorischer Pfadfinder, als sonst zu irgendetwas nütze.

Um den Berg herum leben die einheimischen Kadazan und Dusun schon solange man zurückdenken kann. Es ist bezeichnend, dass es bei ihnen keine Besteigungstradition gibt. Auch in den europäischen Alpen wurden bis ins 19. Jahrhundert von den Einheimischen keine hohen Berge bestiegen. Es waren britische Sportsleute, die mit der Eroberung des Nutzlosen anfingen. Die Einheimischen hatten sicherlich Wichtigeres zu tun als ihr Leben für eine Art „Prestigegewinn" zu riskieren. Man kommt auf solche ausgefallenen Gedanken vermutlich erst, nachdem man schon die Dampfeisenbahn erfunden hat. Es gibt ja nach wie vor sehr viele Zeitgenossen, die der, grundsätzlich mit Gefahren verbundenen, Besteigung eines hohen Berges nicht viel Sinn abgewinnen können. Und es gibt ebenso viele, die ihnen da nicht widersprechen können. Und zwar deshalb, weil sie selber noch nie weit oben waren. Wenn man oben war, weiß man, dass das Hinauf und Hinunter eine tiefgreifende menschliche Erfahrung ist, die es einem ermöglicht, alles, was im Leben hinauf und hinunter geht, besser zu verkraften. Was sich aber auch die Einheimischen am Kinabalu nicht verkneifen konnten war Mythenbildung – auch eine Übung der Menschen, die nicht ungeteilt für sinnträchtig gehalten wird. Ebenfalls zu Unrecht. Es macht immer Sinn, sich an etwas festzuhalten. Auch ein strauchelnder Bergsteiger greift nach einem Strohhalm, wenn er nichts Besseres zu fassen bekommt! Aber oft steckt ja auch hier etwas Reales dahinter, Strohhalme sind real wie Hanfseile, aber sie eignen sich weniger als Rettungsseil.

Der Glauben von Menschen ist etwas sehr Reales. Die Kinabaluesen teilen mit vielen Weltvölkern den Glauben an eine besondere Gattung von Göttern, die sie von den übrigen Göttern unterscheiden. Während die zuletzt genannten, diejenigen Götter sind, mit denen sie einen vertrauten Umgang pflegen, weil sie ihnen tagtäglich Opfer bringen und sie für ihr persönliches Schicksal verantwortlich machen, gibt es noch eine Klasse Götter, die sehr alt ist und beinahe schon vergessen. Das sieht man daran, dass die Geschichten, die man sich noch über sie erzählt, meistens Ursprungsgeschichten sind. Hier schließt sich auch der Kreis mit den Schöpfungsgeschichten der Hochreligionen.

Da gibt es Kinohiringan und sein weibliches Gegenstück Umunsumundu, die sich die Arbeit auch schon teilten, denn Kinohiringan erschuf den Luftraum und die Wolken darin, Umunsumundu wird dagegen als die Verursacherin der Erde gesehen. Offenbar gingen auch die Kinabaluesen schon zu grauer Vorzeit davon aus, dass das Komplexe von etwas noch Komplexerem und nicht etwa von etwas weniger Komplexem geschaffen worden sein musste. Sie machten Schöpfergötter für die Entstehung der Welt verantwortlich, nicht den blinden Zufall und die absichtslose Materie wie es die modernen Menschen praktizieren. Und sie kannten sogar die Namen dieser Verursachergötter.

Außerdem waren die Kinabaluesen auch schon so klug, dass sie wussten, dass der unerreichbare, so weitläufige Himmel nicht das Hauptinteresse der Menschen sein sollte, sondern die Erde, zumindest solange man noch mit beiden Beinen auf ihr stand. Also dichteten sie dem Kinohiringan Neid an, als dieser sah, was seine Götterfrau da geschaffen hatte, denn man darf nicht vergessen, dass die Erde nicht wüst war, sondern gefüllt mit allerlei Lebewesen und gefällig anzuschauenden Landschaften. Das war schon was! Um ihren Göttermann zu beruhigen, re-modellierte die Schöpfungsgöttin die Erde. Dabei scheint sie auch Mechanismen eingebaut zu haben, die dafür sorgen, dass nichts mehr ganz vollkommen und reibungslos funktioniert. Damit hat Kinohiringan zu seiner Zufriedenheit allen Grund zur Annahme, dass der Himmel eben doch der vollkommenere Ort ist als die Erde und die Menschen dürfen das auch annehmen, weil sie selber unvollkommene Wesen sind, die in den Himmel kommen wollen, wo es bekanntlich schöner ist und wo vor allem nicht mehr so hart gearbeitet werden muss. Sie sollten nicht auf der Umunsumundu-Erde stehen bleiben.

Was Umunsumundu bei der Gelegenheit der Reduktions-maßnahme auch noch erschuf, war der Berg Kinabalu, als letztes Rückzugsgebiet des ursprünglich Majestätischen, ein kleiner Thron als Abbild für den Himmelsthron. Ganz konnte es sich die Göttin nicht verkneifen, eine Reminiszenz an bessere Zeiten zu erhalten.

Es gibt eine ähnliche Geschichte aus Sri Lanka. Dort gibt es einen ähnlich herausragenden Berg, den Adams`s Peak, der von Pilgern dreier Religionen bestiegen wird. Dabei sind es die Muslime, die glauben, dass Gott es Adam erträglicher machen wollte, als er ihn aus dem Garten Eden vertrieb, indem er ihn bei dem Berg aussetzte, der inmitten einer paradiesischen Landschaft thront. Da es Muslime auf Sri Lanka nicht vor dem 7. Jahrhundert gegeben hat, und sie erst ab dem 12. Jahrhundert in Malaysia als Macht bekannt geworden sind, traue ich eher den Kinabaluesen zu, dass sie mit dieser Geschichte angefangen haben. Muslime könnten sie dann nach Sri Lanka transferiert und umgemodelt haben.

Wie dem auch sei, Fakt ist, dass es genügend Menschen gab, die von beiden Bergen und der sie umgebenden Natur so sehr beeindruckt waren, wie man es sich nur wünschen kann für die Menschen, die heute diese Gebiete bewohnen. In Sri Lanka hat leider die Bedeutung als religiöses Pilgerzentrum das klare Übergewicht. Dabei geht es nicht um Naturschutz, sondern um religiöse Selbstfindung oder Erleuchtung. Aber was gibt es am Menschen noch zu erleuchten, wenn er die Natur um sich herum zerstört hat? Darf eine Religion, die sich nicht um die Schöpfung kümmert, ernst genommen werden? Auch dem Darwinismus ist es ins Stammbuch gelegt, dass ihm egal ist, was aus dem Orang-Utan und der Rafflesia wird, denn in der Evolution überlebt nur der Fitteste. Das ist die Religion, die gut heißen muss, dass die Artenvielfalt an sich keinen Wert hat, denn wenn es eine Art schafft, alle anderen zu übertrumpfen, hat sie damit Recht. Der Gott der Evolutionisten ist die Kakerlake, denn sie wird alle überleben!

Fakt ist, dass die in ihrer Naturreligion verhaftet gebliebenen Kinabaluesen keine religiös kaschierten Gipfelambitionen hatten. Vielleicht hielten sie sich einfach nicht für würdig genug. Das würde auf eine Demut schließen lassen, die gut zum Ansinnen der Bewahrung der Natur passen würde, aber nicht zu deren Ausbeutung. Die Engländer hatten keine solchen Bedenken. Die ersten Gipfelstürmer scheinen nicht immer sehr ehrenhaft gehandelt zu haben, auch wenn sie vorgaben, des Ruhmes wegen nach oben zu wollen. Es ist wenig rühmlich, Konkurrenten feindselig zu behandeln und es an Dankbarkeit gegenüber den einheimischen Bergführern mangeln zu lassen. Die sportlichere Gesinnung, dass Kameradschaft wichtiger sei als der Gipfelsieg, wurde erst von den Alpenbewohnern in die neue Bewegung nach oben eingeführt und kultiviert.

Es war der Brite John Whitehead, der erstmals 1888 auf dem Gipfel des Kinabalu stand. Er hatte Kadazan-Träger dabei. Ohne das traditionelle Opfer zur Besänftigung von jedweden Geistern – und sei es nur ihr eigenes besorgtes Gemüt – lief es nicht ab. Auf dem Gipfelplateau gibt es eine Stelle, eine Vertiefung im Fels, die traditionell als Opferstätte benutzt wurde. Kadazan waren Jahrhunderte lang Animisten und haben auch als nominelle Katholiken ihren Aberglauben nicht abgelegt. Whitehead war auch der erste, der sich eine Kollektion von einheimischen Tieren zulegte. In jenen Tagen war man nicht darauf aus, die Natur zu erhalten, sondern darauf, sie vorzuführen und auszubeuten. Deshalb durften die Tiere auch tot sein. Und so führten die

Forscher auch immer ein Arsenal an ausgestopften und mumifizierten Tieren oder getrockneten Pflanzen mit.

Als ich in der Ferne den Berg zum ersten Mal sah, wusste ich nicht viel über ihn. Es war klar, dass er mich, den Bergsteiger und Dschungelwanderer unwiderstehlich anziehen würde. Aber er tat das auf eine merkwürdige Art, die mich doch etwas verunsicherte und zugleich neugierig machte, nämlich so, als läge die Initiative bei ihm und als gab es da etwas, was ich noch unbedingt in Erfahrung bringen musste, ohne dass ich jetzt schon etwas davon ahnte. Es war ein seltsames Gefühl, das mich da beschlich, das mir aber nicht gänzlich fremd war. Es gab etwas zu tun, es stand unmittelbar bevor, es musste getan werden, es war etwas Außergewöhnliches mit unbekanntem Ausgang und mit einem nicht zu leugnenden Risikopotential. Es gibt vielleicht nichts zu gewinnen, nur zu verlieren! Was, wusste ich nicht. Es lag noch alles im Dunkeln. Es offerierte eine Gefährdung der gemütlichen, zivilisierten Lebensweise. Es bestand die Aussicht eines verwegenen Vorstoßes ins Ungewisse. Und deshalb ging der Puls hoch, bei der Vorstellung es nicht nur tun zu können, sondern es auch tatsächlich zu tun. Das war wohl der „Explorer-Modus", der nun abgerufen wurde. Er war lange nicht aktiviert, aber gespeist von unzähligen Kenntnisnahmen abenteuerlicher Unternehmungen, die andere gemacht hatten, von mehr oder weniger träumerischen Überlegungen und abgespeicherten herzigen Vorsätzen mit unausgereiften Plänen für irgendwann. Wie verwegen und wie ungewiss es werden würde! Hätte ich das gewusst, wäre mir der Angstschweiß zu Hilfe geeilt, damit ich mich vor einem Unternehmen abseilen konnte, dessen Erfordernis, in der Kunst des Abseilens ebenso versiert zu sein wie in der Kunst des Hochseilens mir schwer zu denken gegeben hätte. Aber man lebt nicht in Konjunktiven!

Nun war ich an der Reihe. Es war unausweichlich. D-day-Erwartungshaltung, Stunde-Null-Vorsatz, Gefallene-Würfel-Kenntnisnahme, ein reales Abenteuer klopfte an, verlangte Einlass ins sonst bedächtige Leben, das gerade wieder in einem gemächlichen Teil angekommen war. Und anders als damals in Ägypten, als ich mich brav dem Vorhaben verweigerte, das ein paar Antikenhändler sich für mich ausgedacht hatten, entschied ich mich dieses Mal, dem Abenteuer zu gestatten, dass es mich an sich heranließ, um es geschehen zu lassen, dass ich mich darauf einließ.

Ach, bei einem Abenteuer weiß man doch nie so richtig, auf was man sich da einlässt! Dass es wie das Öffnen der Büchse Pandora ist, wer denkt daran schon! Es musste aber getan werden, was getan werden musste, um Ruhe zu bekommen. Denn ein Abenteurer trägt ständig das latente „Eines Tags werde ich…" mit sich herum. Dieser Tag war nun gekommen.

Nicht ganz. Ich machte mich zuerst mit der Umgebung vertraut. Das Empfangszentrum des Nationalparks liegt inmitten des Bergregenwaldes auf ca. 1500 Metern Höhe und bietet bei gutem Wetter einen schönen Blick auf die höheren Regionen des Berges. Doch seitdem ich mich dem Park bis auf wenige Kilometer die Serpentinen hoch angenähert hatte, war überhaupt nichts mehr von ihm zu sehen. Eine dunkle Wolkenwand hatte sich aufgebaut, ein Schleier von Wasserdampf hatte sich bis beinahe auf die Baumwipfel herunter gelegt. Es fehlte nur noch, dass es zu regnen anfing.

Ich rechnete damit, machte aber doch die ersten Erkundungs-gänge durch den Regenwald, nachdem ich mein Quartier bezogen hatte. Es gibt angelegte Pfade, die den Besuchern auf Rundkursen einen Einblick in die üppige Bergregenwaldvegetation verschaffen sollen. Anscheinend hatte es unlängst bereits ausgiebig geregnet, denn die Vegetation triefte vor Nass und die

Pfade waren glitschig. Allerdings waren die Bäche nicht verschlammt. Das Wasser floss klar. Ein deutliches Zeichen, dass es nicht viel geregnet haben konnte. Sollte diese unfreundliche Feuchtigkeit der Normalzustand am Berg sein?

Wegen seiner Exposition ist der Kinabalu ein Berg der Nebel und Wolken. Und natürlich des Regens. Das macht das Gebiet unzugänglicher, aber auch geheimnisvoller. Wenn ein Regenwald in seinem Element ist, wirkt er abweisend und man sucht Schutz unter einem Unterstand. Durchziehen einen Bergwald Nebelschwaden bekommt man zudem Schwierigkeiten mit der Orientierung.

Ein Bergregenwald hat als besonderes Charakteristikum Bartflechten, Farne, Moose und Epiphyten, die alle ihren Teil zu der besonderen Kulisse beitragen, die die Vorstellung der Märchenerzähler und Geschichtenschreiber anregt. Ob so auch die Zauberer, Elfen, Trolle und Waldgeister entstanden sind? Nur durch zu viel Fantasie? Eher nicht. Die Szenerie im Bergregenwald von Kinabalu wechselt ständig. Eben hat man noch Sonnenschein, im nächsten Augenblick zieht eine Wolke, ein Nebelfetzen durch das Waldstück, der einen als feuchter, kalter Hauch erfasst.

Die Wolken- und Nebelwelt fasziniert, auch wenn sie keine anderen als botanische oder zoologische Geheimnisse beherbergt. Und Schätze! Medizinisch nutzbare Pflanzen, die Krebs und andere schlimme Krankheiten heilen – und sicherlich die eine oder andere wertvolle Gesteinsader unter der Moosschicht. Vielleicht haben vor grauer Vorzeit die Eingeborenen hier oben irgendwo ihrem König ein Grabmal gesetzt, das längst überwachsen ist.

Ich fühlte mich nicht berufen, der Schatzsucher zu sein. Auf hundert ernsthafte Schatzsucher kommt einer, der etwas Nennenswertes findet. Das Verhältnis ist mir nicht aussichtsreich genug. Ich hatte schon als Kind ein Auge geworfen auf Erforscher wie Stanley oder einen Archäologen wie Carter. Aber die Vernunft schaltete sich dabei ein und vermerkte, dass es die Nilquellen nicht mehr zu entdecken gab und Pharaonengräber sich nur nach jahrelangen Grabungskampagnen öffnen – wenn überhaupt. Zwar schaute ich mir so manches aus der Nähe an, um mich zu vergewissern, dass ich Recht hatte und es für mich nichts zu tun gab, was den Aufwand rechtfertigte. Allein, die Beruhigung gelang nie richtig, die Unrast blieb, der Wunsch etwas zu planen, was noch niemand durchgeführt hatte, im Kleinen, im Privaten, quasi zur eigenen Belustigung. Aber es blieb meist dabei die Planungen zu planen.

Als ich durch diesen kühlen Nebelwald unweit des Visitor Centers stapfte, war mir nicht bewusst, dass ich mich ganz in der Nähe eines noch unerforschten Winkels dieser Erde befand, auf den noch kein Mensch seinen Fuß gesetzt hatte.

Das hört sich spektakulär an, wäre es aber eigentlich nicht, wenn ich nicht einen ganz bestimmten Ort meinen würde, auf den ich noch zu sprechen kommen werde. Interessant an Waldgebieten ist ja, dass es da solche Winkel gibt, die noch unentdeckt sind, die sich jedoch auch nicht sonderlich voneinander unterscheiden. Manchen zieht es deshalb in die Wälder. Sie suchen unentwegt nach dem Ununterscheidbaren. Andere auf Berge, denn gerade deshalb gibt es auch unter den Bergsteigern jene mit Forscherdrang, die sich nicht damit begnügen, auf einem Gipfel zu stehen, auf dem andere schon waren. Es muss eine Neubesteigung sein oder wenigstens eine neue Route, eine neue Wand, eine noch nie dagewesene Tour.

Dabei ist doch alles, was man tut, etwas Neues, für einen selbst. Und die Touren bekommen Namen, die Rückschlüsse auf die Findigkeit der Namensgeber zulassen. Solcherart Ansprüche hatte ich nicht. Das Neue reizt, bis man es satthat. Und dann beginnt die Suche nach dem nächsten Neuen. Dabei kann die Begeisterung für das, was man tut, sehr schnell auf null springen. Ein Sturz genügt, ein umgeknickter Knöchel, ein Biss von einem Reptil. Ein kleiner Irrtum in der Wegfindung oder bei der Einschätzung der Wetterlage. In diesen Wäldern, die von Nebelschwaden durchdrungen sind und nur wenig begangene Pfade aufweisen, verliert man auch einmal die Orientierung, wenn man zu gedankenverloren dahinwandert.

Es empfiehlt sich, immer einen Kompass dabei zu haben. Was dem Bergsteiger der Höhenmesser, den er öfter zur Orientierung braucht als zum Ablesen der Höhe, ist dem Dschungeltrekker der Kompass. Zu wissen, wo die Sonne steht, reicht nicht aus, da eine Abweichung vom Kurs um nur wenige Grad das Ziel weit verfehlen lässt. Im dichten Wald gibt es auch keine sonstigen Unterscheidungsmerkmale, die markanten Bäume stehen nicht da, wo man sie haben wollte. Man macht dann Bekanntschaft mit einem plötzlichen Erschrecken, wenn man feststellt, dass man doch tatsächlich im Augenblick nicht weiß, wo man ist. Und es stellt sich das unbehagliche Gefühl ein, dass man in Schwierigkeiten ernsthafter Natur ist.

Einmal musste ich eine Nacht drüber schlafen, ehe ich am nächsten Morgen den Versuch unternahm, in Erfahrung zu bringen, wo ich war. Eine Nacht im Dschungel kann sehr unbequem sein. Sie ist definitiv ungemütlich, wenn man nicht angemessen ausgerüstet ist. Bei Nacht sind auch alle Schlangen grau, aber im Unterschied zu Raubkatzen werden sie von Wärme angezogen. Erfahrene Dschungelcamper übernachten nicht umsonst in Hängematten. Der Gedanke in einer Hängematte im Kinabalu-Wald zu übernachten, wäre keinesfalls verlockend gewesen. Aber meistens befasst man sich mit anderen Gedankenspielen als jenen über das, was passieren könnte. Der

Kinabalu-Wald bietet viele Anregungen zu ganz anderen Überlegungen.

In meinem Fall am Kinabalu ging es zum Beispiel darum, zu überlegen, ob man als Konstrukteur ein einziges funktionales Teil der hier zahlreich vorkommenden Pitcher plants oder Fliegenfallen weglassen könnte, ohne die Ernährung der Pflanzen zu gefährden. Ich kam zu der Erkenntnis, dass es ausgeschlossen war. Diese hochintelligenten Konstruktionen waren Mausefallen weit überlegen, aber das Grundprinzip war das Gleiche, die Falle hatte den Zweck zu fangen und deshalb war sie so gebaut, wie sie gebaut war. Kein Bestandteil war überflüssig, jedes hochfunktional. Falls diese Pflanzenart durch Evolution zustande gekommen sein sollte, dann musste sie von Anfang an alle diese Teile als funktionierende Bestandteile zum Zwecke des Funktionierens des Ganzen gehabt haben. Für die Variabilität blieb somit nur ein kleiner Spielraum, zum Beispiel für Farb- oder Größenvarianten. Ich fand viele und außerdem andere Pflanzengesellschaften, die meine Aufmerksamkeit auf sich zogen. Nur keine Rafflesia, die größte aller Blumen – und vielleicht die übelriechendste. Hätte ich bereits am Kinabalu eine entdeckt, säße ich jetzt nicht hier, um diese Geschichte zu schreiben. So kommt es manchmal, eine Blume, ein Pflänzchen ändert der Gezeiten Lauf.

Das Kinabalu-Gebiet ist Treffpunkt verschiedener Pflanzen-gattungen, die man auch im Himalaya, in China, Neu Guinea, Australien, Neuseeland und sogar Amerika vorfindet. Besonders in der Zone über 1200 Meter, also genau da, wo ich mich zu meiner Exkursion befand. Weiter unten dominierten die Dipterocarpacea-Baumarten, die das ganze Jahr über im Park blühen. Dazu gibt es eine große Auswahl von Fruchtarten, die das Gebiet auch für die Eingeborenen attraktiv macht. Rambutan, Mango, Durian, Feigenarten als Kosmopoliten, aber auch regional spezialisierte Fruchtarten wie Taraps (Artocarpus odoratissimus), die der Jackfrucht ähnlich ist und Mawang (Mangifera pajang), die nach Mango schmeckt. Häufig sind Palmen und Ingwerarten (Zingiberaceae), davon der am meisten verbreitete Etlingera elatior, der auf Märkten in ganz Malaysia verkauft wird. Und Bambus, der bis weit in die höheren Zonen wächst. Über 52 Palmenarten und 30 Ingwerarten sind im Park vorzufinden. Dazu sechs Bambusarten. Sie gehören zu den Kletterpflanzen. Das Rattan hat es bis in unsere Wohnungen geschafft.

Kennzeichnend für die Nebelwälder am Kinabalu sind auch die Farne. Der Kinabalu hat mehr Farnarten als ganz Afrika, nämlich 608 registrierte. Man findet sie in allen Vegetationszonen des Parks. Baumfarne, Strauchfarne, Schattenfarne, Lichtfarne, Dickichtfarne, epiphytische Farne und Gipfelplateaunischenfarne. Und überall gibt es die Nestfarne (Asplenium nidus), die auf Baumstümpfen und Ästen wurzeln. Und Orchideen! Kinabalu ist Orchideendomäne! Das Botanikerpaar Beaman schätzte den Bestand auf über 1000 Arten, darunter welche wie die Paphiopedium rothschildianum, die nur hier zu finden sind. Ihre Blüten reichen zwölf Zentimeter auseinander und sehen aus wie die ausgestreckten Arme der einheimischen Dusun-Tänzer, wenn sie ihren Sumazau-Tanz ausführen. Die Orchideen sind in ihrer Erscheinungsform sehr vielfältig. Die Coelogyne-Arten hängen wie Halsbänder von den Ästen der Bäume. Der Kinabalu ist ein Weltreiseziel für Orchideenfreunde. Das wissen auch die Einheimischen, was nicht unbedingt der Bestandserhaltung dienlich ist. Zum Glück sind die meisten Orchideenarten eher unscheinbar und klein. Das kann man von der Rafflesia nicht sagen, wenn sie erst einmal blüht.

Die Rafflesia, benannt nach Sir Stamford Raffles, dem Gründer von Singapur, ist die größte Blume weltweit. Die vierzehn Arten der Rafflesia sind sehr selten. Man findet sie nur in Borneo, Malaysia, Thailand, auf den Philippinen, Java and Sumatra. Zwei Arten (R. Keithii and R. Pricei) wachsen am Kinabalu. Sie zu finden ist ein schwieriges Unterfangen. Die Blumen haben nur wenige Tage Bestand, dann zerfallen sie. Ich suchte sie vergebens. Ich wollte nicht so schnell aufgeben und beschloss im Anschluss an die Kinabalu Tour auch noch die Crocker Range zu besuchen.

Nicht alles, was man am Kinabalu sieht, ist so befremdlich und auffällig wie eine Rafflesia. In der Gegend um das Park Headquarter tauchen auch schon Baumarten auf, die dann weiter oben eine noch größere Rolle spielen und bis 2200 Meter anzutreffen sind. Es sind wegen des zunehmend gemäßigteren Klimas Bäume, die wir aus europäischen Landen kennen:

Eichen, Walnuss, Myrte, Lorbeer, Eukalyptus, Teesträucher und einige Konifere. Dazu die tropischen Gewächse, das erscheint einem doch ein absonderliches Bild zu ergeben. Mein Hauptinteresse galt aber den fleischfressenden Kannenpflanzen. Kinabalu, das war anerkanntermaßen der Platz dafür. Zehn Arten der Nepenthes gibt es im Park, vorzugsweise in der Montanzone. Man findet sie auch reichlich entlang des Aufstiegspfades zum Gipfel.

Als ich zum Park Hauptquartier zurückkam, stellte ich fest, dass ich nicht der einzige war, der Gipfelambitionen hatte. In meine Unterkunft war ein australisches Pärchen eingezogen, das mich freundlich begrüßte. Auch sie wollten am nächsten Morgen nach oben. Für einen Rundgang im Park waren sie allerdings zu müde.

Ganz anders eine britische Armeeeinheit, die doch tatsächlich beim New Fellowship Hostel Abseilübungen durchführte. Meines Wissens war Malaysia schon seit einigen Jahrzehnten nicht mehr Britisch, insoweit irritierten mich die Uniformen. Ich hielt das grüne Zeug auch nicht für bergtauglich. Weiter nahm ich keine

Notiz, außer dass sich einige beim Abseilen nicht gerade geschickt anstellten. Man sollte den Briten ruhig noch ein paar Sonderrechte in ihren ehemaligen Schutzgebieten einräumen, damit es ihnen nicht mehr so schwerfällt, nicht mehr die Geschicke der Inseln unter dem Wind bestimmen zu können. Im Hauptgebäude lief mir später noch ein Soldat über den Weg.

„You are exploring the mountain?! " fragte ich ihn ein bisschen ironisch. Er schien dankbar dafür zu sein. Seine Mine hellte sich auf. Und doch, jetzt erst schien es mir so, als hätte er ein paar Sorgenfalten im Gesicht. Kein Wunder, so wie die sich beim Abseilen angestellt hatten! Andererseits, wo gab es da etwas zum Abseilen?

„So könnte man sagen! Sie gehen on top?" fragte er zurück. Ich nickte. Dann stellte er die etwas abwegige Frage, ob ich mich gut fühlte. Ich schon. Vielleicht war er nervös. Ich sagte in Anspielung auf ihre Seilschaft, der Berg sei zwar hoch und wir hätten in „good old Europe" ja auch nur ein paar höhere Berge, aber nach meinem Kenntnisstand könnte man auch ganz ohne Alpinstil und sogar ohne Seil da hochklettern.

Meine vorlaute Witzigkeit beeindruckte ihn nicht. Er sagte nur, dass sie in die Low's Gully wollten. Das war das erste Mal, dass ich diesen Namen hörte. Das war dieser noch unentdeckte Ort. Um mir keine Blöße zu geben, fragte ich nicht nach. Es gab ja auch keinen Grund dazu. Sicherlich handelte es sich um irgendeine Alternativroute auf den Gipfel. Und dazu brauchte man Seil, oder die Übungen mit dem Seil. Ich hatte den Eindruck, dass er sich etwas von dem Stress mit der Truppe erholen wollte. Daher hatte er sich für einige Zeit von ihr entfernt. Ich hatte keine Ahnung, wie sehr mich diese Low's Gully schon bald beschäftigen würde. Ich wusste ja nicht einmal, dass „Gully" eine Schlucht bedeutete. Noch nicht.

„Ist es nicht ein bisschen spät für Abseilübungen?"

„Doch. Aber wir hatten früher keine andere Möglichkeit alle zusammen zu trainieren. Wir haben welche dabei, das hat sich erst jetzt herausgestellt, die können nicht…"

Plötzlich tauchten zwei weitere Soldaten auf, anscheinend Malaysier in britischen Uniformen. Malaysias Ländereien waren ja britisches Kolonialgebiet gewesen. Erst 1963 wurde die britische Kronkolonie Sabah in den neuen Staat Malaysia eingegliedert. Im Verteidigungskrieg 1963 gegen Indonesien, das ebenfalls Anspruch auf das Territorium anmeldete, kämpften britische und malaysische Truppen nebeneinander gegen Indonesier.

Die zwei Soldaten hatten den Briten offenbar gesucht, denn sie setzten sich mit ihm in eine Ecke. Ich setzte mich in die Sitzgruppe in der anderen Ecke des Raumes und las noch ein wenig. In dem Raum war es gemütlicher als in meiner spartanischen Unterkunft. Den Uniformierten ging es sicherlich ebenso. Sie hatten die einfachste aller Unterkünfte gewählt wie es sich für Armeeangehörige gehörte. Ab und zu ging mein Blick hinüber. Es war unschwer zu erraten, dass die drei irgendein Problem hatten. Sie diskutierten und fuchtelten mit den Armen herum. Wie würde das erst am Berg sein? Aus Erfahrung wusste ich, dass es eminent wichtig ist, bei schweren Bergfahrten ein gut aufeinander abgestimmtes Team zu haben, mit in etwa gleich starken Bergsteigern. Was man am wenigsten brauchen kann, sind Streit und Uneinigkeit. Ich blickte auch immer wieder zum Fenster hinaus. Inzwischen war es dunkel geworden. Das geht in den Tropen ja schnell. Innerhalb einer halben Stunde gleitet man von Dämmerung zu Dunkelheit. Immer noch trieben Wolkenfetzen über uns, was man an den auftauchenden und wieder verschwindenden Sternen leicht ausmachen konnte. Ich hatte den Park Ranger nach den Wetteraussichten für den nächsten Tag gefragt. Die nächsten Tage, sagte er, wäre es wechselhaft. Das hatte ich mir fast gedacht.

Die drei Soldaten gingen hinaus, der Brite hob die Hand mir zum Gruß. Ich grüßte zurück. Einer der Chinesen kam zurück und holte sich noch eine Dose eines amerikanischen Getränks. Das gehörte offenbar nicht zu seiner Grundausstattung. Als er an mir vorbeikam, sagte ich:

„Klappt es jetzt mit dem Abseilen?" Er verstand nicht, daher wiederholte ich die Frage. Er machte ein ernstes Gesicht und sagte dann: „Unser Boss sagt, Abseilen lernt man in 5 Minuten, aber wir haben 4 Stunden trainiert und ich kann es noch immer nicht." Er drehte sich um und ging weg.

Ich war etwas perplex, weil ich nicht wusste, ob er das im Ernst gesagt hatte. Wenn ja, dann war fraglich, warum man sich nicht zu Hause schon so weit vorbereitet hatte. Beim Klettern oder Abseilen muss man Sicherheit haben. Da darf man sich keine Fehler erlauben, sonst geht es unerbittlich abwärts. Aber vielleicht gehörte das zu dem Unternehmen dazu. Briten sind manchmal „very optimistic" beim Angehen von Unternehmungen, deren Werdegang noch unbekannt ist. Irgendeinen Ausgleich muss es ja für ihr verbales Understatement geben. Da Unternehmungen nie wirklich schwer sein können für britische Truppen, wäre es ja auch unlogisch, den Dingen, die da kommen, nicht mit Gelassenheit entgegenzusehen!

2. Kapitel: Grotesken des Auf und Ab

Von der Power Station, wo die geteerte Straße endet, bis zu den Panar Laban-Hütten sind es nur fünf Kilometer. Aber es ist ein Höhenunterschied von 1450 Metern zu bewältigen. Das ist für einen geübten Bergwanderer nichts Besonderes. Ich hatte daher nichts dagegen, die zusätzlichen paar Kilometer vom Hauptquartier der Parkverwaltung bis zur Power Station zu laufen. Ich hatte mich entschlossen, sehr wenig Gepäck mitzunehmen, da ich nach Studium des Wegeplanes zu dem Schluss gekommen war, dass die Gipfelbesteigung problemlos in kurzer Zeit zu schaffen war. Ich hatte nicht einmal einen Pullover nach Sabah mitgebracht. Das sah ich aber nicht als Versäumnis an, da ich außer einem T-Shirt noch mit einem langärmligen Hemd und einer Regenjacke ausgestattet war. Um es klar und deutlich zu sagen: so sollte man keinesfalls auf einen viertausend Meter hohen Berg gehen! Ich habe es auch nicht mehr wieder getan.

Ergebnis meiner Kinabalu-Besteigung war unter anderem, dass ich nie mehr wieder einen so hohen Berg ohne Pullover angehen würde. Es stellte sich heraus, dass ich das Vorhaben unterschätzte. Solche Fehler unterlaufen meist Anfängern. Aber nicht nur. Die Briten mit der viel zu schweren Armeekleidung waren nicht die Einzigen, die über-optimistisch an eine Sache herangingen.

Der obligatorische Guide, der mir von der Parkverwaltung zugeteilt worden war, zeigte sich über mein Ansinnen zur Power Station zu laufen, überhaupt nicht begeistert. Er riet mir davon ab. Das mache niemand, jeder würde sich dorthin fahren lassen und erst von dort den Aufstieg beginnen. Offensichtlich sah er keinen Sinn darin, mit mir länger auf Achse zu sein als unbedingt notwendig.

Wir waren die letzten, die an diesem Morgen den Aufstieg in Angriff nahmen. Vielleicht war auch das der Grund, warum Martin darauf drängte, ein Fahrzeug zu nehmen. Er befürchtete vielleicht, ich sei langsam und man würde erst bei Dunkelheit bei den Unterkünften auf 3300 Metern ankommen. Er überredete dann den Fahrer eines Geländefahrzeuges, der den Auftrag hatte, zwei japanische Studenten zur Power Station zu bringen, uns mitzunehmen. Ich zahlte also nichts dafür. Die beiden Japaner verstanden fast kein Englisch.

Martin war ein Einheimischer, klein und sehnig, leicht gebaut, vielleicht 30 Jahre alt. Vielleicht aber auch viel jünger. Asiaten sehen meist älter aus als sie sind. Er hatte andauernd einen freundlichen Gesichtsausdruck, der mir nicht immer angemessen schien, so als ob es keinen Grund gab den 180sten Kunden ernster zu nehmen als die nächsten hundert. Für ihn war es ein langweiliger Routinegang, für seine Kunden vielleicht die Bergbesteigung ihres Lebens. Ihn brauchte das nicht zu kümmern. Die Bezahlung war immer die gleiche. Er war nicht sehr gesprächig, wohl weil er nicht besonders gut Englisch konnte. Er war schon oft auf dem Kinabalu, wie oft konnte er mir nicht sagen, da er längst das Zählen aufgehört hatte. Die ihm von mir unterstellte Gehfaulheit stand auf schwachen Füßen, da er immerhin mit einer Zeit von unter vier Stunden am Climbathon teilgenommen hatte und dabei von über einhundert Startern, die meisten davon einheimische Guides und Porter, und kein einziger, der nicht jedem Gelegenheitsbergsteiger davon gesprintet wäre, vierzigster geworden war. In weniger als vier Stunden bis zum Gipfel und wieder herunter! Den Rekord hielt gerade ein vom Mittelmeer stammender Profiläufer, der das ganze unter drei Stunden geschafft hatte.

Es sollte sich herausstellen, dass ich bis Panar Laban, bevor die eigentlichen Schwierigkeiten der Besteigung beginnen, knapp drei Stunden brauchte. Und ich war schnell unterwegs wie sich zeigen sollte. Das konnte man von Martin nicht sagen, er trödelte, und zwar ausgiebig! Er sagte mir, ich solle mein Tempo gehen, der Trail sei nicht zu verfehlen. Ich wartete ein oder zwei Mal auf ihn, doch dann stellte ich fest, dass er, nachdem wir eine Gruppe Australier überholt hatten, bei deren Guide hängengeblieben war. Er zog dessen Gesellschaft vor. So mundlahm er bei mir gewesen war, so unterhaltsam zeigte er sich bei seinem Kollegen. Ich ging daher alleine weiter und sah Martin erst wieder in der Unterkunft von Panar Laban. Meine Vermutung war, dass man für den Aufstieg zum Gipfel von Panar Laban aus den Guide benötigte. Bis jetzt war es nichts weiter als ein anstrengender Spaziergang. Den klugen Gedanken, dass man die Einheimischen nur mit einer steten Einnahmequelle versorgen wollte, wies ich zurück.

Ich hatte unterwegs Gelegenheit, die wechselnden Vegetationszonen zu betrachten. Den anfänglichen unteren Teil kannte ich schon von meinem Ausflug vom Vortag. Je höher ich kam, desto unwirtlicher wurde es. Das war natürlich nicht der Grund, warum die Pflanzendecke immer niedriger wurde. Höhe, Wind und Temperatur sind ursächlich dafür.

Die Zone zwischen 2200 Metern und 3300 Metern wird am Kinabalu durch verkrüppelte Bäume gekennzeichnet, Moos, Leberblümchen und Rhododendron wachsen überall. Sie dominieren überall dort, wo es feucht und kühl ist, und wo ist es das nicht am Kinabalu? 24 Arten Rhododendron wachsen am Kinabalu, fünf davon gibt es nur hier. Sie sorgen für Abwechslung im dunkelgrün-bräunlichen Blätterwald mit ihren rot, scharlach, rosa, gelb, orange und weißen Blütenbündeln.

Abgesehen von einem Eichhörnchen bekam ich keine Säugetiere zu Gesicht, obwohl sie manchmal auch die Bergpfade der Menschen benutzen. Es gibt am Kinabalu Bartschweine, Kragenbären, Sambarhirsche, Muntjak, Hirschferkel, fliegende und mehr bodenständige Hörnchen, Stachelschweine, Gürteltiere, Dachse, Zibetkatzen, Wiesel, Leopardkatzen und selbst der Orang-Utan wurde bis zu einer Höhe von 1450 Metern gesichtet. Im Wald gibt es noch andere Primaten. Languren, der Borneo Gibbon und die nahezu unsichtbaren Schlankloris. Diese Tiere findet man am Kinabalu hauptsächlich in tieferen Lagen.

Das gilt natürlich auch für das Gros der Vogelwelt. 326 Vogelarten will man gezählt haben. Ich wäre vielleicht in den ersten drei Tagen auf 60 Arten gekommen, neben dem allgegenwärtigen dark olive-green Blackeye. Die am meisten sicht- und zugleich hörbaren sind die Black und Red Mountain Blackbirds, eine Abwandlung unserer Amsel, eine jener Arten, die sich mit ihren nächsten Verwandten weltweit verbreitet haben. Ich fragte mich, ob sich die Schwarzdrosseln am Kinabalu mit denen bei uns verständigen könnten. Vielleicht haben sie ja den Grundwortschatz gemeinsam.

Häufig in der sub-alpinen Zone sind die kleinen, bräunlichen Sunda Bush-Schwirl und die Short-tailed Bush-Schwirl, die man oft im Unterholz in einer Höhe über 2000 Metern herumhüpfen sieht. Weiter oben, jenseits der Baumlinie, gibt es einen Vogel, dem die relative Exponiertheit zu gefallen scheint, sonst wäre der „Blue and White-browed Shortwing" dort nicht so häufig anzutreffen. Von dem phantasielosen britischen Namen weiß er nichts. Ornithologen sind nicht sehr einfallsreich, wenn es darum geht Farben- und Formenreichtum zum Ausdruck zu bringen.

Noch haben die jährlich zigtausend Besucher, die glücklicherweise nur auf dem Trail sind, die Vogelarten nicht aus ihrem natürlichen Habitat vertreiben können. Vermutlich liegt das daran, dass die Vögel bemerken, mit was für harmlosen, ständig nach Atemluft ringenden Menschen sie es dort oben zu tun haben. Und die einheimischen Vogelhändler machen sich nicht die Mühe, so weit nach oben zu steigen. Bergvögel fressen erschöpften

Bergsteigern arglos aus der Hand. 1888 musste sie John Whitehead, der Erstbezwinger von Low's Peak noch wegscheuchen, weil sie so frech waren.

Um Panar Laban herum sind immerhin noch 22 Vogelarten zu beobachten. Darunter auch der Schlangenadler, der weit oben seine Kreise zieht, aber sicherlich kein Futter mehr bekommt, das ihm den Namen gegeben hat. Vermutlich wäre er mit dem Namen aber auch gar nicht einverstanden. Bis kurz vor dem Berghaus habe ich auch noch einen kleinen bräunlich-gelben Falter herumtorkeln sehen. Und ein anderer Gast hat mir erzählt, dass er nicht viel weiter unten eine von 40 Froscharten entdeckt hätte, die es am Kinabalu gibt. Das nennt man wohl Höhenanpassung!

Als ich in Gedanken versunken meines Weges ging – ich hatte vielleicht gerade die Hälfte hinter mir – traf ich überraschend auf ein Teammitglied der britischen Armeeeinheit und dann gleich auf noch zwei weitere.

Es waren die beiden Offiziere und ein weiterer Brite, der zu seinem riesigen Rucksack auch noch eine gelbe Kiste aufgebunden hatte. Er war der schmächtigste und kleinste und trug offenbar das meiste. Sie schienen alle drei ziemlich erschöpft zu sein. Das überraschte mich doch. Ich hatte selber schon schwere Bergtouren mit bis zu 25 kg Gepäck bewältigt. Diese Last hatte ich mehrere Tage bergauf und bergab geschleppt. Für durch-schnittliche Bergaspiranten gehört das zum normalen Leistungsvermögen, wenn man sich auf eine größere Tour vorbereitet hat. Dass man sich vorbereitet, ist nicht nur keine schlechte Idee, sondern selbstverständlich. Andere ziehen es vor, daran zu glauben, dass sie auf der Tour zu der erforderlichen Fitness kommen, die man für die Tour braucht. Das funktioniert aber nur, wenn die Tour leicht anfängt und sich kontinuierlich steigert und wenn der Anfang im Schwierigkeitsgrad in einem angemessenen Verhältnis steht zu dem, was noch kommt. Und nur dann ist es die ökonomischste Art zu seinem Ziel zu kommen. Es ist aber zugleich am riskantesten, weil man nicht weiß, ob das Training gelingt. Hat man genügend Zeit dazu? Steigen die Anforderungen nur allmählich, so dass man auch beim Training nicht überfordert wird?

Ich kenne einen Everest-Aspiranten, der mit dieser Methode gescheitert ist. Je schwieriger ein Unternehmen ist, desto weniger darf man schon in der Vorbereitung dem Zufall oder dem „gut Glück" überlassen. Diese Armeeeinheit hatte schon bei den Abseilübungen keinen guten Eindruck auf mich gemacht. Sie hatten keine gut entwickelten technischen Fertigkeiten, offenbar gab es auch Teammitglieder, denen es an der Physis fehlte. Da war ein bisschen viel Inkompetenz auf einem Haufen. Aber gut, beim Sportklettern legt man seinen Rucksack ab, hier schleppten sie ihn einen mächtigen Berg hoch. Das war etwas anderes. Gerade beim Klettern kann man durch die richtige Technik viel Kraft einsparen. Wer wenig Gesamtgewicht schleppen kann, muss deshalb noch kein schlechter Kletterer sein. Ich durfte annehmen, dass sie oben campieren würden und dann verschiedene Kletterstrecken ausprobieren würden. Was ich nicht wissen konnte, war, dass für das, was sie vorhatten, nicht vorgesehen war, die Rucksäcke zurückzulassen.

Ich konnte mir einen Kommentar nicht verkneifen, als ich an der schnaufenden und schwitzenden Gruppe vorbeitänzelte. „Wo sind denn die anderen?" und: „Eine Armee sollte zusammenbleiben!" das war weniger kritisch gemeint als witzig. Ich fand den Hang der Briten zum Militarismus schon immer beeindruckend. Ich hätte mir vielleicht die Mühe machen sollen, meinen Akzent zu unterdrücken. Deutsche sollen ja angeblich humorlos sein. Ich versuche, in der Konversation mit Briten gelegentlich diesem Vorurteil entgegen zu wirken. Keiner der Briten lachte. Und bei meinen Versuchen habe ich öfters den Eindruck, dass es die Briten sind, die häufig keinen Spaß verstehen. Es schien ihnen aber auch nicht so gut zu gehen. Möglicherweise lag es daran!

Einer sagte: „Vorauskommando!" Aha, sie deckten den Rückzug. Ich hätte es für möglich gehalten, ihnen einen Teil der schweren Bürde abzunehmen, da ich fast gar nichts bei mir trug, aber das war natürlich undenkbar für die Armeeangehörigen und auch nicht Sinn der Übung, sich von einem Zivilisten helfen zu lassen. Ich war zudem kein Angehöriger ehemaliger Kolonien, den man so ohne weiteres rekrutieren konnte. Ich bot ihnen daher meine Hilfe nicht an.

Eine Marschordnung war das ja nicht gerade, was diese britische Armeeeinheit da vorexerzierte! Aber das gehörte zu ihrem Plan. Viel später erfuhr ich, dass der Kommandant mit seinem Team Stunden vor mir losgegangen war. Er hatte seinen Leuten gesagt, jeder sollte sein eigenes Tempo gehen. Eine nur zu gut verständliche Regel, da sie schwer an ihren Rucksäcken zu tragen hatten. Dennoch hätte ich nicht damit gerechnet, sie einzuholen. Es dauerte nicht lange, da erwartete mich die nächste Überraschung. Ich überholte einen der Armeeangehörigen, die ich für Malaien gehalten hatte. Oben erfuhr ich dann, dass es sich um Chinesen aus Hongkong handelte, die in der Britischen Armee dienten.

„Wo sind die anderen?" fragte ich ihn. Er schien apathisch. Ich rechnete nun damit auch bald die anderen einzuholen. Ganz zum Schluss überholte ich den Soldat, mit dem ich gestern geredet hatte. Er machte einen guten körperlichen Eindruck. Aber mit dem riesigen Rucksack war es nicht sinnvoll, mit leichtfüßigen Touristen um die Wette zu rennen. Auf einer Höhe von 3300 Metern über Meereshöhe beginnen die Symptome der Höhenkrankheit sich bemerkbar zu machen, dies aber umso mehr, je mehr man sich vorher verausgabt hat.

Als ich auf Panar Laban ankam, sprach mich der Reiseführer einer Touristengruppe an, ob ich auf dem Weg die Soldaten gesehen hätte. Er, der selber Brite zu sein schien, schien ein persönliches Interesse zu haben und klang etwas besorgt. Ich bejahte und sagte ihm, dass das ein harter Tag für sie wäre. Er schüttelte den Kopf.

Ich bekam meine Kammer zugewiesen. Die war schon mit einem Australier belegt, der nur auf mich gewartet zu haben schien, denn er war sehr redselig. Er hatte den Gipfelanstieg schon hinter sich.

Er erzählte mir gerne, dass er schon 66 Jahre alt war und froh darüber, in diesem Alter noch einmal auf so einen hohen Berg hinaufgeklettert zu sein. Er war leidlich erschöpft, aber sichtlich glücklich. Ich sagte ihm, was ich dachte, nämlich, dass ich mich sehr glücklich schätzen würde, das mit 66 Jahren auch noch hinzukriegen. Seine Freude inspirierte mich zu dem zuversichtlichen Gedanken, dass ich es wenigstens heutzutage auch schaffen könnte. Er war kein Mountain-man und zudem war er nicht gleich am Morgen wieder abgestiegen. Er hatte sich dafür entschieden, einen Tag länger hier zu bleiben. Der Ort seines Triumphes deuchte ihm noch länger auskostbar. Seine Entscheidung war nicht unbedingt richtig, denn die Höhenkrankheit stellt sich erst bei einer gewissen Verweildauer in der Höhe ein. Es war also durchaus möglich, dass er seinen Entschluss noch bereuen würde. Aber er konnte ja jederzeit absteigen.

Ich aß in der Kantine eine Suppe und unternahm dann einen Ausflug in die Umgebung. Vielleicht würde ich den Kinabalu-Riesenegel ausfindig machen können. Auch unter den Tierarten gibt es am Kinabalu Endemiten. Der merkwürdigste Vertreter ist wohl der rote Kinabalu-Riesenegel. Er wird 30 cm lang und ernährt sich auf einer Höhe von ungefähr 3000 Metern ausschließlich vom Kinabalu-Riesenwurm, der doppelt so groß ist. Eine doppelte Merkwürdigkeit also. Ich vermute, dass man dieses Pärchen an anderen Orten in Borneo nur noch nicht gefunden hat. Die höchsten Berge oder Höhenzüge auf der Insel sind noch weitgehend unerforscht. Es würde mich auch nicht überraschen, auf den anderen Sunda-Inseln ähnliche Vertreter dieser Art zu finden.

Die sub-alpine Zone beginnt am Kinabalu etwa in der Höhe der Panar Laban-Unterkünfte, auf etwa 3300 Metern, oder 11.000 britischen Fuß, und reicht bis zum Gipfelplateau. Die Bäumchen haben nur noch ein groteskes, weil windzerzaustes Aussehen, Nadelbäume und Rhododendron überwiegen, weiter oben wachsen nur noch Gräser und Kraut, Augentrost, Butterblumen, Fingerkraut, Riedgras und Enzian potentillas.

Die Unterkunft selbst ist vor die Felswand hingebaut. Von da an muss man klettern, will man auf das 400 Meter höher gelegene Gipfelplateau hinauf. Der Anblick dieser Felswand, die anscheinend die ganze Breite des Berges einnahm und so den Zugang nach oben zu blockieren schien, verhalf mir zu der Idee, dass es jedem unbedarften Betrachter sofort einleuchten musste, dass hier Endstation seiner Gipfelambitionen war und dass man lebendig da oben nichts zu suchen hatte. Oder anders gesagt, man verstand nun die Eingeborenen. Sie hatten sich in ihre vernünftigen Überlegungen gefügt. Sie konnten sich das Plätzchen da oben immer noch als Tote ansehen, wenn sie sich zu ihren Ahnen versammelten.

Es ist der Europäer, der immer wieder Grenzen hinausschieben will und damit leider auch immer die natürlichen Ordnungen, die Jahrtausende funktioniert haben, durcheinander bringt. Obwohl sich der Berg hier von seiner schroffsten Seite zu zeigen schien, gab es eine Aufstiegsroute. Früher hatte man danach suchen müssen. Man sieht nämlich nur steilen, nackten Fels. Hie und da ein Busch, der sich in einer Felsritze eingenistet hat und den Unbilden des Wetters trotzt. Ansonsten abweisende Steilheit.

Heute folgt man dem Pfad bis zur Steilwand und steigt eiserne Leitern hoch. Ohne diese Leitern hätte man klettern müssen. Und das hätte wohl 95 % der heutigen Kinabalu-Besteiger abgehalten, überhaupt einen Versuch zu wagen.

Als ich wieder zur Hütte zurückkam, war es spät am Nachmittag und einige der Soldaten waren inzwischen auch eingetroffen, aber noch nicht alle. Ich versuchte mich hinzulegen, da der Aufstieg zum Gipfel um 2:00 Uhr nachts geplant war. Ich fand aber keine Ruhe. Die dünne Luft ließ mich keinen Schlaf finden. Ich war auch nicht wirklich müde. Anders die Briten in Grün, die auf ihren Kommandierenden und die anderen warteten. Gegen 6:30 Uhr wurde es dunkel und es fehlten immer noch einige, nämlich die, die ich zuerst überholt hatte. Die Soldaten, die da waren, zeigten darüber keine Besorgnis. Wieso auch, die Armee kämpft auch in der Nacht. Vielleicht hatten sie unterwegs ihr Lager aufgeschlagen. Sie hatten ja alles bei sich, was sie zum Campieren benötigten! Es gab keinen Grund, sich um die britische Armee Sorgen zu machen.

Die einheimischen Guides, darunter auch Martin, saßen an einem Tisch in der Kantine und sahen weder müde noch hungrig aus, sie unterhielten sich und hatten dabei gute Laune. Zeit für ein Abendessen. Ich bestellte ein malaysisches Gericht.

Es war schon dunkel, als ich den Colonel hereinschwanken sah. Unsere Blicke streiften sich. Ich, der deutsche Leichtgänger, saß gemütlich am Tisch und hatte Dinner. Ich bekam es nur am Rande mit, es war zu einem wenig heiteren Wortwechsel mit den anderen gekommen.

Es ging wohl darum, dass die Logistik nicht ganz gelungen war. Auch der zweite britische Offizier, ein Major, war eingetroffen. Er war der älteste der selbständig operierenden Armeeeinheit und sah fix und fertig aus. Begleitet wurde er von dem mir bereits bekannten Reiseleiter, der mit seiner Gruppe von Asiaten in der Unterkunft ein paar Meter unterhalb von Panar Laban untergekommen war. Er, selber Brite und Vertreter einer Travel Agency mit Sitz in Kota Kinabalu, sah nicht sehr glücklich über die Performance seiner Landsleute aus. Offenbar fehlten immer noch zwei Mann. Drei der fittesten wurden wieder hinunter geschickt, um ihnen zu Hilfe zu kommen. Die Männer wirkten nicht nur erschöpft, sondern auch übelgelaunt. Die Stimmung schien ziemlich angespannt zu sein.

Da waren die Guides an ihrem Tisch, die sich vergnügten, ihre Kunden lagen in ihren Betten. An einem anderen Tisch saßen die drei Hongkonger Chinesen und die Offiziere saßen ebenfalls separat von den Mannschaften. Bergkameradschaft geht anders!

Ich setzte mich mit der Suppe, die ich zur in der Höhe immer ratsamen Flüssigkeitsaufnahme noch zusätzlich bestellt hatte, dazu. Man spürte, interne Unstimmigkeiten waren der Grund für die weitgehende Funkstille untereinander. Ich vermutete, dass sich die Offiziere als Verantwortliche das Ganze leichter vorgestellt hatten. Unterwegs hatte dann irgendwann jeder nur noch versucht, so gut wie möglich nach oben zu kommen, „rette sich, wer kann!". Und der Colonel hatte wohl erwartet, dass die Stärkeren den Schwächeren beistehen würden, sobald es zu Schwierigkeiten kam. Aber Schwache helfen keinen Schwächeren, wenn sie selber mit sich zu kämpfen haben. Ich bekam nur einige Gesprächsfetzen mit und machte mir meinen Reim. Immerhin hatte man aufgegeben, noch in der Nacht weiter zum Gipfel vorzustoßen. Man würde einen Ruhetag einlegen. Eines war schnell klar geworden, bereits jetzt war sichtbar geworden, dass die Ansprüche in einem krassen Missverhältnis zum Machbaren standen oder gestanden hatten.

Ich fragte den Colonel, ein großer, schlanker Mann um die 50 mit etwas aristokratischen Gesichtszügen, die allerdings unter der

Anstrengung etwas gelitten hatten, ob ihm aufgefallen sei, dass seine Männer nicht sehr zuversichtlich zu sein schienen. Dabei versuchte ich jeglichen ironischen Unterton zu vermeiden.

Er warf mir einen vorwurfsvollen Blick zu, der sich aber gleich durch ein Lächeln mit einer Spur Geringschätzung um die Mundwinkel ablöste. Ein Zivilist, der Beobachtungen machte! Immerhin hatten wir ja Frieden, nicht unbedingt das Betätigungsfeld einer Armee! Aber warum nicht das Zielgebiet? Ich solle mir keine Sorgen machen, sagte er gönnerhaft. Ja, das gönnte ich ihm auch, dass er keine Sorgen bekam. Aber besser sich Sorgen machen, als das Besorgte zu bekommen!

Ich gab mich nicht geschlagen. Ich hatte noch einen Pfeil im Köcher. Ein eingeborener Dusun hatte ihn mir gegeben, mit dem Hinweis, dass das Gift an der Pfeilspitze nur Affen töte, für Menschen sei es zu schwach. Die Zeit der Menschenjagd war längst vorbei. Ich sagte dem Colonel, dass einer seiner Soldaten mir gesagt hätte, eigentlich wüssten sie nicht so recht, wohin die Reise ginge. Ich sagte „journey" also „Reise", unbeachtlich der Seile und des schweren Materials, das sie mit sich führten und welches weniger eine angenehme Reise als eine schwere Bergtour vermuten ließ.

„We go into Low's Gully!" besann sich aber und setzte hinzu, während er sich, beinahe bemüht interessiert, zu mir drehte:

„Have You ever been there? "

„Nein", sagte ich und stellte so prompt, dass es mich selbst beinahe verblüffte, die Gegenfrage, ob er jemals dort gewesen sei. Daraufhin sagte er, und das klang schon wieder leicht triumphierend, niemand sei bisher dort gewesen, das sei ja gerade der Grund warum sie dorthin wollten. Ich sah, dass er unausgesprochen noch ein „Verstehst du, Touristenwanderer!" auf den Lippen hatte.

Ich nahm einen Schluck von meinem Tee, dann fiel mir noch eine weitere Frage ein. Ich bin schon immer ein Freund von Landkarten gewesen. Den Park Ranger unten im Büro hatte ich gefragt, ob er eine Karte vom Berg hätte. Was er mir anzubieten hatte, war nur ein grober Übersichtsplan, auf der die Gipfel eingezeichnet waren und der Trail, der zu ihnen führte. Geologische Besonderheiten Fehlanzeige. Aber es gab ja die ursprünglich britischen Survey Departments in der Hauptstadt mit gutem, wenn auch nicht neuestem Kartenmaterial, wie ich von meinen Exkursionen in indische Berg- und Dschungelgebiete wusste. Die Armee hatte alles, was man über Geländeformationen wissen musste.

Die Armee geht nicht ohne Karte und Kompass. Und mir geht es genauso, wenn ich mich in die Wildnis aufmache. Sie sind für mich so etwas wie eine Lebensversicherung. Wer ohne Karte ins Unbekannte geht, ist leichtsinnig. „Haben Sie Kartenmaterial?" fragte ich ihn eher neugierig als vorwurfsvoll. Er reagierte etwas unwirsch. Nein, es gab kein Kartenmaterial für diese Lokalität.

Das schien mir doch ein bemerkenswertes Eck zu sein. Ich sagte ihm das auch. Er nickte mit einem leichten Anflug von Freundlichkeit. Jetzt hatte ich es anscheinend kapiert, die britische Armee war ausgezogen, um Außergewöhnliches zu leisten, während ich kurz auf den unbedeutenden Kinabalu-Gipfel spazierte. Es sei sogar so bemerkenswert, mischte sich der Major ein, dass noch kein Mensch da jemals hinuntergeklettert war in dieses Low's Gully.

Ich nickte anerkennend, dabei kam mir eine Frage in den Sinn, die ich nicht für mich behalten wollte. Ich formulierte sie dann aber nicht als Frage, sondern blieb bei meinem Respekt zollenden Ton und stellte fest:

„Dann wissen sie ja gar nicht, was sie da erwartet!"

46

Aber da gab es plötzlich noch mehr Fragen. Konnte das der Grund dafür sein, warum seine Leute so unsicher waren? Aus Erfahrung wusste ich, je schwieriger die Aufgaben sind, die man gemeinsam angehen muss, desto wichtiger ist der Gruppenzusammenhalt. Wenn man dann für die Lösung der Aufgabe auch noch Spezialkenntnisse oder besondere Fähigkeiten haben muss und diese nur unzureichend vorhanden sind, fällt eine Gruppe, die nicht harmonisiert, schnell auseinander. Ich philosophierte darüber ein wenig, um aus dem Colonel noch mehr Informationen herauszukitzeln. Er vertrat den Standpunkt, dass man durch eine gute Organisation und Unterordnung auch viel ausgleichen kann, was bei zivilen Unternehmen andere Qualitäten übernehmen müssten. Ich sprach noch einmal an, was ich am bemerkenswertesten fand.

„Aber Sie kennen die Örtlichkeit nicht genau. Das verstehe ich. Unerforschte Gebiete haben das so an sich."

„Fest steht, dass die Schlucht vom Penataran River entwässert wird. Wir kennen den Anfang und wir kennen das Ende von Low's Gully und wir werden die Lücke dazwischen schließen."

Das hörte sich vielversprechend und entschlossen an. Ich hörte keine Anzeichen von Unsicherheit aus diesen Worten. Es fragte sich also nur noch, was zwischen dem Anfang, dem Gipfelplateau, und dem Ende, dem Penataran River 3500 Meter tiefer war. Was würde sie da erwarten? Niemand schien eine Ahnung zu haben. So langsam dämmerte mir, dass dieses unscheinbare Namensgebilde Low's Gully doch vielleicht etwas enthalten könnte, was absonderlich genug war, dass man sich etwas näher damit beschäftigen sollte.

Hier gab es also tatsächlich Neuland, das noch der Entdeckung harrte. Ein leichtes Gefühl der Enttäuschung kam in mir auf, dass nicht ich derjenige war, der auf diese famose Idee gekommen war, in dieses Low's Gully hinabzusteigen, als erster Mensch. Wenigstens auf die Idee hätte ich kommen können. Die Schwierigkeit der Ausführung mochte sein wie sie wollte. Das war ja zu erkunden. Natürlich hätte ich nie daran gedacht, ein solches Unternehmen alleine in Angriff zu nehmen. Die britische Expedition kam mir mit einem Mal doch als etwas Beneidenswertes vor. Die hatten es leicht. Sie setzten sich einfach ein Ziel und ab dafür. Nun würde die Britische Armee das besorgen, was ich noch nicht einmal in Erwägung gezogen hatte. Und vermutlich würde auch bei ihnen niemand davon Kenntnis nehmen.

„Haben Sie einen Pressebeauftragten?" fragte ich. Der Colonel verstand nicht recht. Ich wiederholte die Frage nicht. Sie hätte wohl etwas zu schnippisch geklungen. Und außerdem war sie ja überflüssig. Stattdessen sagte ich:

„Hoffen wir, dass sich das, was sich zwischen Anfang und Ende befindet, lohnt."

Es musste ziemlich steil sein, wenn der Berg auf der Rückseite genauso steil war wie auf der Südseite und eine sanfte Aufstiegsroute wie der Trail zum Panar Laban würde man sicherlich auch nicht Gully oder „Schlund" nennen. Es wäre auch keine Aufgabe für diese Armeeeinheit, die ein richtiges Training mit einem selbst gestellten Forschungsauftrag verband. Aber daran dachte ich in diesen Augenblicken nicht. Ich fand nur, dass es mutig war, sich so ein Ziel zu setzen, ein Vorstoß ins Unbekannte zu wagen, mit einer Ausrüstung, von der man deshalb auch nicht wissen konnte, ob sie richtig war. Diese Aufgabe stellte sich vor jeder Expedition, deren Verlauf man nicht genau kannte.

Jetzt, Jahre nach meiner Borneoreise, blicke ich zurück und stelle fest, dass ich noch keine Expedition durchgeführt habe, bei der ich nicht einige Dinge vermisst und zugleich einige Dinge, die ich mit mir führte, für weniger elementar erachtet hätte. Hat man den richtigen Rucksack dabei? Ist der Schlafsack geeignet? Reicht der Proviant? Braucht man eine Machete oder reicht ein kleines Messer? Soll man ein paar leichte Ersatzschuhe zum Durchqueren von Flüssen mitnehmen? Ist das Moskitonetz entbehrlich? Was noch dazu? Hängematte oder Zelt? Braucht man Träger oder sogar Tragtiere? Welcher Art soll die Kleidung sein? Poncho oder Regenjacke? Aber ein Seil bei einer Dschungeltour? Meine Ausrüstung war am Kinabalu leicht und damit auf Schnelligkeit und „Unbeschwerlichkeit" ausgelegt. An ausgedehnte Klettertouren hatte ich ganz gewiss nicht gedacht!

Wie sich herausstellen sollte, unterschätzte ich den Kinabalu. Aber da war ich nicht der einzige. Ich konnte zu jener Zeit auf noch nicht viel alpine Erfahrung zurückgreifen aber dafür auf einen unerschütterlichen Glauben an meine Fähigkeit, körperliche Anstrengungen nicht zu scheuen, weil ich bisher alles weggesteckt hatte und immer noch eine Steigerung möglich gewesen war. Es ist wichtig, wenn man große Unternehmungen in Angriff nimmt, dass man seine Leitungsfähigkeit kennt. Die Wahl der Aufgabe hängt davon ab. Wer in etwas vertraut, was er nicht kennt, riskiert viel, nämlich sein Leben. Das Austesten von Grenzen – hat Grenzen. Aber die sollte man wahrnehmen, bevor man sie erreicht hat, sozusagen aus sicherer Entfernung!

Wenn ich dem Kinabalu nicht von Anfang an den nötigen Respekt entgegengebracht habe.... viel schlimmer war, dass die Briten ihn unterschätzten. Dem, was sie sich zur Aufgabe gestellt hatten, waren sie nicht gewachsen. Im Nachhinein ist es immer leicht, zu solchen Schlüssen zu kommen. Auch ich hatte das ganze Ausmaß der Bedrohung, die auf die Briten eilenden Schrittes zukommen würde, nicht erkennen können. Hauptsächlich deshalb, weil diese Low´s Gully eine unbekannte Größe war.

Der Colonel ging mit seinem Major nach draußen, um den Sternenhimmel zu bewundern. Ich blieb sitzen. Ich fragte einen der Chinesen aus Hongkong, ob sie nicht Hunger hätten, nach der Anstrengung. Sie hätten sich in ihrem Raum bereits etwas gekocht. Sie schienen erfreut, dass ich sie ansprach. Ich ergriff die Gelegenheit, um nachzufragen, ob das nicht zu „heavy" – schwer im Sinne von gewichtig – war, was sie sich da vorgenommen hatten.

Mittlerweile war der Soldat, den ich unten im Park Office schon gesprochen hatte, wieder hereingekommen. Er sah, dass ich mich mit den Chinesen unterhielt und setzte sich dazu. Ich hatte das Gefühl, dass er jemanden brauchte, mit dem er reden konnte. Er zierte sich auch nicht lange. Er sagte mir, wenn ich Bergsteiger wäre, dann wüsste ich, dass es zwei „styles" gab einen Berg zu erklettern und wieder heil herunterzukommen. Den langsamen Expeditionsstil und den schnellen Alpinstil. Letzterer setzte großes fachliches Können voraus. Ersterer eine gute Organisation und eine noch bessere Leitung.

Nichts davon war im Team vorhanden, weshalb es grundsätzlich richtig war, dass man sich für den Expeditionsstil entschieden hatte, der eine größere Toleranzbreite hat. Man kann schon im Frühstadium erkennen, ob etwas schief läuft und dann regulierend eingreifen, zur Not das Unternehmen abbrechen. Dann machte man sich aber anfällig, wenn man irgendwo wegen der Langsamkeit aufgrund fehlender technischer Fertigkeiten oder aufgrund des logistischen Aufwands feststeckte, denn natürlich brauchte man zusätzliches Material.

„Wo siehst du das Problem?" fragte ich ihn. Ich duzte ihn nicht wirklich, die vornehmen Briten unterscheiden aber nicht mit ihrem „You", ob sie „Sie" oder „Du" meinen, und bei ihrem „you" kann man sich auch „ihr" oder „sie" dazu denken.

„Wir wissen überhaupt nicht, wohin wir gehen und was uns erwartet. Aber das Hauptproblem wird sein, dass wir zu wenig erfahrene Leute haben."

„Ich habe gesehen, wie ihr Abseilübungen gemacht habt. Es hatte den Eindruck, dass einige von euch das noch nicht allzu lange praktizieren." Ich schaute die Chinesen an. Sie schwiegen. Die Sache war sicherlich schon teamintern besprochen worden.

„Ich habe gesehen, dass ihr sehr schwere Rucksäcke tragt. Schnell werdet ihr damit jedenfalls nicht sein! Auch nicht, wenn es nur noch abwärts geht."

Ich erfuhr, dass der Trainingsstand so sein sollte, dass 22 kg 8 Stunden und 20 km weit zu tragen waren, wenn der Höhenunterschied 1000 Meter ausmachte. Zehn Tagesrationen Essen gehörten dazu.

Eine Frage ergab sich für mich automatisch: „Wenn ihr zehn Tagesrationen habt, wie wollt ihr wissen, dass die ausreichen?"

„Das wissen wir nicht."

„Das heißt, ihr werdet nach der sechsten umkehren? Oder sicherheitshalber nach der dritten? Man braucht ja mehr Kraft für den Auf- als für den Abstieg! Da sollte man schon auf Nummer sicher gehen!"

„Unser Boss hat das untere Ende der Schlucht bereits erkundet."

Wollte er mir damit sagen, dass er deshalb wissen musste, wie lange man für das ganze Unternehmen benötigte?

„Mir hat er gesagt, dass es ein unbekanntes Zwischenstück gibt."

„Er ist eigentlich nur dem unteren Ende mehr oder weniger nahe gekommen, ehe er die Annäherung abbrechen musste, weil die Schwierigkeiten zu groß geworden waren. Er ist der Meinung, dass wir in drei oder vier Tagen unten sind und dann dem

Penataran River folgen. Es wird also nicht nötig sein, wieder hinaufzuklettern. Die Tagesrationen müssten also reichen."

Diese freimütige Äußerung über die Meinung seines Vorgesetzten, die offenbar nicht seine eigene war, zeigte mir deutlich, dass er gewisse Zweifel hatte, dass das Ganze gut geplant war oder leicht durchzuführen wäre. Es eröffneten sich weitere Fragen.

„Das heißt, er glaubt nur das untere Ende der Schlucht gesehen zu haben! Was zwischen Schlucht und Einstieg am Gipfelplateau ist, ist weiterhin unbekannt. Dann ist aber auch nicht bekannt, wie viele Tage man braucht. Und außerdem frage ich mich, wie man so zuversichtlich sein kann, den Weg nach unten zu schaffen, wenn man ja ganz unten schon auf dem umgekehrten Weg nicht mehr weitergekommen ist." Es gab ein betretenes Schweigen, dann sagte der Brite: „Der Proviant ging ihnen aus!"

Aha, der Proviant ging aus. Das war also der Grund gewesen, warum man die Erforschung des unteren Teils von Low's Gully abgebrochen hatte! Und nun hoffte man, dass es dieses Mal reichen würde!

Der Colonel tauchte wieder auf und setzte sich zu uns. Er lachte mich an. Er versuchte nicht den Eindruck zu erwecken, ihn interessiere, über was wir uns unterhielten. Aber vermutlich sprachen unsere Blicke Bände. Vom Colonel erfuhr ich auf Nachfrage weitere Einzelheiten. Er machte nun gar keinen hochnäsigen Eindruck mehr.

Colonel Neill war 1980 zu einer Nachschubeinheit nach Hongkong versetzt worden. Dort hatte er Interesse entwickelt für abenteuerliche Unternehmungen. Irgendwann tauchte auch am Horizont seiner Überlegungen der höchste Berg Südostasiens auf. Neill brachte bereits 1981 ein Team von Armeeangehörigen, das sich aus Briten und Chinesen aus Hongkong zusammensetzte, auf den Kinabalu, damals noch auf den Touristenpfaden. Die britische

Armee unterhielt eine Tradition von solchen kleineren Unternehmungen in ihrem früheren Machtbereich, die Moral und Leistungsfähigkeit und somit auch den Zusammengehörigkeits-Esprit der Truppe fördern sollte.

Auf dem Gipfel des Kinabalu hatte Neill aber einen jener Momente, die dem Leben eines Menschen eine Wendung geben können. Andere hätten sich nach dem Blick in den nördlichen Abgrund nur mit Schaudern wieder abgewendet, um sich der viel schöneren Aussicht nach Süden über das Gipfelplateau mit den Nebengipfeln und den tief unten liegenden Wolkenfeldern zuzuwenden. Bei Neill bewirkte der Blick in den oberen Teil von Low's Gully etwas anderes. Und das, meine ich, gibt ihm schon eine gewisse Auszeichnung. Das hebt den Colonel jedenfalls von der Masse der Touristen ab. Auf vergleichbare Weise entstanden Legenden und Erfolgsgeschichten, aber auch Fehlschläge und Tragödien. Es war ein spannender Augenblick, ohne dass jemand etwas davon wissen konnte. Wenn Briten sich etwas in den Kopf gesetzt haben, dann ist es nicht immer etwas, was bei ihnen zugleich den Ehrgeiz frei setzt, alles Erdenkliche zu tun, um der Situation gerecht zu werden.

Zunächst einmal konnte Neill diesen Tiefblick nicht vergessen. Es arbeitete in ihm. Das, was so unergründlich erschien, weil im wahrsten Sinne des Wortes noch niemand auf den Grund der Schlucht gegangen war, musste doch erschlossen werden! Und es war eine Gelegenheit, die sich sonst im Leben nicht bietet. Nordpol, Südpol und Everest, das Innere der Kontinente, alles war entdeckt und erkundet. Aber da gab es noch diese Schlucht auf Borneo, die noch unberührt war, bis sie Neill an sich reißen und erobern würde. Wer weiß schon, welche Sinne und Instinkte da in einem Mann geweckt werden, der schon immer etwas Großes leisten wollte, aber nie die Chance hatte und wohl auch im tiefsten Innern wusste, dass er, wenn sich einmal eine Gelegenheit böte, doch nicht die Fähigkeiten hätte, die Herausforderungen zu meistern. Und es blieb ein bedeutender Trost: auch Männer mit beschränkter Kompetenz hatten doch wenigstens in einem grandiosen Scheitern auf sich aufmerksam machen können und durften sich in die Geschichtsbücher einschreiben lassen. Auch da hatten die Briten eine bemerkenswerte Tradition. Und manch einem, der gescheitert war, wurden im Nachhinein herausragende Charaktereigenschaften angedichtet. Wenn er schon in der Sache fehlerhaft war, dann sollte er wenigstens ein besonders herausragender Charakter gewesen sein. Leider ist es oft so, dass charakterliche Mängel den Betreffenden erst dazu angetrieben haben, sich einer fatalen Aufgabe zu widmen. Besonders schlimm ist es, wenn dadurch andere zu Schaden kommen.

Der Brite Whymper ist so ein bedauernswerter Fall. Zu seinen berühmten Erstbesteigungen in den Alpen war er alleine nicht fähig. Deshalb griff er auf einheimische Bergführer zurück. Die bekannteste Erstbesteigung war die des Matterhorns. Da er unbedingt als erster auf dem Gipfel sein wollte, so wird berichtet – ich war bei der Seilschaft nicht dabei – schnitt er sich kurz vor dem Ziel vom Seil los, um die anderen verdutzten Seilkameraden hinter sich zu lassen. Das hatte dazu geführt, dass man auf dem Rückweg anstelle des zerschnittenen Seils ein dünneres Ersatzseil verwenden musste. Als der unerfahrenste der Gruppe stürzte riss er drei andere mit sich in den Tod, weil das dünne Seil riss. Anstatt dass Whymper die Mitverantwortung für das Desaster bei sich suchte, veröffentlichte der berühmte Whymper ein Buch, das ein Bestseller wurde. Darin beschuldigte er den einheimischen Bergführer, die entscheidenden Fehler gemacht zu haben, weil er das viel zu dünne Seil benutzt hatte. Whymper ließ im Raum stehen, dass Taugwalder, der Zermatter Bergführer es vielleicht durchgeschnitten hätte, um sich nicht mitreißen zu lassen. Der so Beschuldigte, der wohl noch nicht einmal schreiben konnte, konnte im 19. Jahrhundert in einem Bergdorf in der Schweiz keine

Medien rekrutieren, um gegen die britische Fairnesskampagne anzugehen. Er, der versichert hatte, dass er den Sturz seines Vorausgehers hätte halten können, wenn das Seil nicht gerissen wäre, wurde wegen Rufmords zu einem gebrochenen Mann. Der Ruhm so mancher Berühmtheiten ist über Leichen gegangen.

In der Nachgeschichte der Ereignisse um Low's Gully wurden verschiedene Versionen der Ereignisse präsentiert. Eine vom Expeditionsleiter, der sich deutlich bemüht zeigt, die Dinge in einem für ihn günstigen Licht zu zeigen. Die andere von einem Expeditionsteilnehmer, der sich durch diese zuerst präsentierte Version als Geprellter vorkommen musste und ohne den das Ganze wohl auch nicht so glimpflich ausgegangen wäre. Meistens glaubt die Öffentlichkeit den Berühmtheiten oder den Hochrangigeren. Der kleine Mann verliert.

Auf der anderen großen Insel in dieser Weltgegend, Neu-Guinea, ereignete sich einmal etwas Ähnliches, als ein berühmter österreichischer Bergsteiger, ein Freund des Dalai Lama, den höchsten Berg Ozeaniens und weltweit höchsten Berg auf einer Insel zusammen mit einem neuseeländischen Bergsteiger bestieg und dessen Leistung nicht würdigte, obwohl er ihn vor einem Absturz bewahrt hatte.

Aber unabhängig von solchen Eitelkeiten wird es gefährlich, wenn noch Unfähigkeit und Selbstüberschätzung zum Repertoire der Expeditionseiferer dazu gehört. Und hier war sie wieder, diese grundsätzliche Inkompetenz zwischen Anspruch und Wirklichkeit einen gesunden, gangbaren Weg zu finden, und möglichst kein Absturzgelände! Dieses Mal gab Low's Gully die Kulisse dazu her.

Nach einer weiteren leichten Militärübung im Westen Malaysias kam Neill zwei Jahre später mit „Jungle Heights 3" wieder an den Kinabalu zurück. Dieses Mal hatte er ein Team von drei Chinesen, vier Briten und als weiterer Offizier Ronald Foster dabei, der auch dieses Mal wieder mit von der Partie war. Das lag mehr als ein Jahrzehnt zurück. Männer zwischen vierzig und fünfzig! Das sind bei den meisten prägende Jahre, wo man an viel Erfahrung zunimmt, aber nicht unbedingt an Weisheit und Einsicht. Und noch einmal eine andere Kategorie ist die Dekade, die sich an die Fünfzig anschließt. Da nimmt die körperliche Leistungsfähigkeit rapide ab, wenn man nicht dagegen steuert, während der Geist noch blüht.

Das Ziel des Unternehmens der Männer mittleren Alters war, den Kinabalu vom Norden her zu besteigen. Das hatte noch niemand gemacht. Und natürlich war auch noch niemand den Kinabalu in diese Richtung abgestiegen. Das hieß, Low's Gully war noch unerforscht. Da gab es das Dschungeldorf Kampong Melangkap am Penataran Fluss, der zu Low's Gully führen sollte, der Schlucht, von der man wusste, dass sie bis zum Hochplateau reichte. Das war der Vorsatz.

Aber es war klar, dass ohne Vorerkundigungen die Expedition leicht zu einer Wegfindungsexpedition geraten konnte, da man ja gar nicht wusste, ob auf diesem Weg eine Besteigung möglich war. Es gab keinerlei Informationen über die rückwärtige Seite des Kinabalu. Nicht einmal die Eingeborenen wagten sich in die oberen Regionen des Penataran vor. Nur ein paar Jäger folgten hin und wieder seinem Flusslauf, aber nur so weit, bis das Gelände schwierig wurde. Es gab keine Straßen, keine Wege, nur Dschungel und gelegentliche Tierpfade. Wer hier jagte, ging das nächste Mal wieder woanders hin. Eine unwirtliche Gegend also, die Antarktis Borneos.

Die Begleitumstände der Expedition waren alles andere als gut. Es war sehr regnerisch, die Anreise hatte aus terminlichen Gründen von Brunei nach Sabah auf See zu erfolgen, so dass für das eigentliche Unternehmen nur wenig Zeit blieb.

An den ersten zwei Tagen war das Team zwölf Kilometer marschiert, bis zu einer Höhe von ungefähr 600 Metern. Der Fluss, der anfangs noch Niedrigwasser hatte und breit dahinfloss, war zusehends zu einem typischen Gebirgsfluss geworden, dessen Flussbett übersät war mit Riesenbrocken und die Gefällstrecken zu gefährlichen Hindernissen werden ließ. Am dritten Tag versuchten sie sich am Flussufer entlang einen Weg durch den Dschungel zu schlagen.

Wer einmal in einem Regenwald war, weiß, dass gerade an Flussufern die Vegetation am dichtesten ist. Wenn Einheimische keine Pfade angelegt haben, steht man bald auf verlorenem Posten, das Fortkommen wird stark eingeschränkt oder gar verhindert. Die gleiche Situation findet sich meist in steilem Gelände, da dort ebenfalls das einfallende Licht von den Pflanzen großräumiger genutzt werden kann. Das bekam auch die Jungle Heights 3-Expedition zu spüren, je näher sie dem Berg kam. Die Teilnehmer mussten zum Fortkommen immer stärker ihre Hände benutzen. Das sollte man in einem Regenwald möglichst vermeiden, da bereits kleine Verletzungen nur schwer wieder heilen und einen dann noch mehr einschränken.

So erging es auch den Expeditionsmitgliedern. Hinzu kam eine besonders aggressive Wespenart und starker Nachmittagsregen, der den Fluss stark anschwellen ließ. Bei alledem gelang es der Gruppe, die ausgezogen war, den Kinabalu zu stürmen, pro Tag nur wenige hundert Meter fortzukommen. Sie hatten nun etwa die Hälfte der ihnen zur Verfügung stehenden Zeit und die Hälfte ihres Proviants aufgebraucht, aber vor ihnen lag noch ein Höhenunterschied von 3000 Metern und noch einmal mindestens 12 Kilometer durch immer schwieriger werdendes Gelände. Der Penataran wurde immer reißender, er stellte eine Aneinanderreihung von Stromschnellen und Wasserfällen über abweisende Felskliffe dar, die auch links und rechts des Flusses keine freundlicheren Geländeformen vermuten ließen. Es war klar, die Mission war nicht weiter durchführbar.

Ich kenne solche Dschungellandschaften zur Genüge. Wer sich wirklich seinen Weg selber bahnen muss, ist arm dran. Der Spaß ist spätestens nach wenigen hundert Metern erledigt und weicht einer Plagerei, die rein gar nichts zu bieten hat, was man noch länger haben möchte, ganz abgesehen davon, dass Querfeldein-Unternehmungen mit Gefahren verbunden sind, die man auf den Waldpfaden eher nicht kennenlernt. Schlangen, Skorpione, Spinnen und Insekten, die schmerzhaft beißen oder folgen-schwerer stechen, bekommt man im Dschungel vielleicht einmal aus der unaufgeregten Ferne zu sehen, in Berührung kommt man mit ihnen meist nicht. Man kann sich aber auch Mühe geben, ihnen näher zu kommen. In der Regel mögen sie das nicht und bringen das dann auch zum Ausdruck. Und zwar eindrücklich!

Es ist ein Glück, dass all diese wilden Biester sich über das Regenwaldgebiet verteilen und man deshalb von ihnen meist unbehelligt bleibt, wenn man nicht zum Dauergast in ihrem Biotop wird. Das gilt übrigens erst recht für die ganz großen Tiere. Sie gehen dem Menschen aus dem Weg, aber wenn er sich ihnen immer wieder in den Weg stellt, ist es irgendwann mit ihrer Geduld zu Ende. Die viel größere Gefahr geht aber von den kleineren Dschungelbewohnern aus, die meist keinen Wert darauf legen, gesehen zu werden. Es ist nur eine Frage der Zeit, wann sich der Zusammenstoß nicht mehr verhindern lässt, wenn man mit Fleiß das macht, was normale Menschen nicht tun: die Fortbewegung in weglosem Gelände.

Es gibt auch in den Tropen die unterschiedlichsten Waldformen. Es gibt dichte Regenwälder und weniger dichte. Dicht ist die Vegetation immer dort, wo viel Licht und Feuchtigkeit hinkommt. Je hochwüchsiger der Baumbestand, desto günstiger stehen die Chancen, dass man in seinem Schatten auch ohne Wege gut vorwärtskommt. Denn unter den großen Urwaldriesen wachsen kleinere Bäume und zusammen lassen sie kaum noch Licht auf den Waldboden. Für heranwachsende Bäume, Sträucher und Kräuter bleibt nichts übrig. So gibt es wenige Hindernisse. Solche Wälder findet man jedoch immer seltener. Sobald die Holzfäller kommen und sie die größten Bäume herausschlagen, reißen sie Lücken, da die umliegenden Bäume meist auch noch zu Schaden kommen. Dann beginnt ein Wachstumswettlauf in den Lichthöfen. Sekundärwälder, die dann hochwachsen, sind meist dichter als die ursprünglichen Wälder. Das Gleiche gilt für Wälder, die über Bodenunebenheiten wachsen, weil so einfach mehrere Wachstumsebenen beieinander entstehen.

Ich habe viele Arten von tropischen Wäldern kennengelernt und bin ein überzeugter Bekenner für den Sinn und Nutzen von Pfaden und Wegen geworden. Der Mensch ist keine Schlange und kein Vogel, vielmehr ein verletzliches Wesen, das seine Intelligenz nutzen sollte. Und viel Zeit hat er, wenn er sich für zivilisiert hält, auch nicht. Er muss also immer die Wege kurz und angenehm machen. Deshalb rodet er die Wälder, die ihm im Wege stehen.

Dass es wenig Sinn macht, Wege zu gehen, wo keine sind, dachten sich wohl auch die Verantwortlichen der Jungle Heights 3-Expedition. Nicht unbedingt bei der Planung, aber späte Erkenntnis ist besser als gar keine Erkenntnis, die nicht zur Umkehr führt. Umkehr ist eine oft unterschätzte, obwohl doch so kluge Erscheinungsform von Einsicht.

Hochreligionen erkennt man daran, dass sie erkannt haben, dass an dem Weg, den der Mensch geht, grundsätzlich etwas falsch ist, und zwar die Richtung. Daher empfehlen sie die Umkehr. Der jüdische und der christliche Glauben haben gemeinsam, dass ihr Gott zur Umkehr rät. Warum denn krumme Wege gehen, sagt ihr Gott, wenn der Weg zu mir ein gerader ist. Umkehr bedeutet, eine Sache zuerst richtig und vernünftig durchdacht haben. Das unterscheidet die beiden Hochreligionen von anderen Religionen, die zum Teil sogar bewusst auf das gründliche Durchdenken einer Sache verzichten. Im Islam ist die bedingungslose Unterwerfung, wie ja auch das Wort Islam besagt, gefordert. Der Verstand darf nicht gebraucht werden, wenn er zum Zweifel führt. Auch beim Buddhismus und Hinduismus soll beim Eins-werden mit dem Brahman bzw. beim Erreichen der Erleuchtung der Verstand ausgeschaltet werden. Man liefert sich vertrauensvoll einer fremden Macht aus, obwohl man sie gar nicht richtig kennt. Das ist ungefähr so, wie wenn man eine Frau heiratet, die man vorher noch nie gesehen und gehört hat. Da muss man sich nicht wundern, wenn die Ehe unglücklich wird.

Doch Umkehr fängt immer mit dem Durchdenken einer Sache an. Bei Expeditionen und Bergunternehmungen ist es ebenso. Wenn man eine Sache nicht richtig durchdacht hat, geht man schmerzliche und manchmal auch tödliche, aber auf jeden Fall törichte Wege!

Nach dem richtigen Durchdenken, welches die griechischen Philosophen „Metanoia" nannten, folgt dann hoffentlich das Erkennen der Situation und der Möglichkeiten. Wenn man bemerkt, dass man nicht gut genug ausgerüstet ist, oder dass der Trainingsstand zu schlecht, die eigene Befähigung nicht ausreicht, bricht man natürlich wieder ab. Bei Bergsteigern heißt das spätestens am Berg: Rückzug!

Die Expeditionsreisenden, die sich den Flusslauf des Penataran hinaufgekämpft hatten, beendeten die Mission, denn es war abzusehen, dass das Ziel unerreichbar blieb und jede weiteren Bemühungen nur in einem Unfall oder anderen Komplikationen enden würden. Also Rückzug! Vernunft! Einsicht! Durchdenken! Bravo! Congratulations!

Bei Fortbewegungen in Flussbetten oder bei der Überquerung von Flüssen lasse ich immer die größte Sorgfalt walten, weil ich nur zu gut weiß, dass jeder Fehler, jeder Ausrutscher verhängnisvolle Folgen haben kann. Es kann ein verstauchtes Gelenk genügen, schon steckt man in erheblichen Schwierigkeiten. Selbst wenn man in der Gruppe reist, heißt das nicht, dass damit die notwendige Hilfe verfügbar wird. Der nächste Arzt wartet nicht hinter der nächsten Flussbiegung und ein Wegtransport eines Verunfallten ist noch viel schwieriger als das Fortkommen der einzelnen Teammitglieder vorher schon war. Damit ist auch das Reiseziel der gesamten Gruppe in weite Ferne gerückt. Es bleibt nur der Rückzug.

Noch problematischer ist natürlich, wenn man alleine unterwegs ist, da werden Fußverletzungen unter Umständen zu ganz individuellen Katastrophen. Es ist jedenfalls nur zu gut nachzuvollziehen, wenn bei schlechten Aussichten angesichts schwieriger Geländeverhältnisse eine solche Expedition abgebrochen wird. Die Gier nach Gold hat zu früheren Zeiten die Mannschaften weitergetrieben, aber das hat in den wenigsten Fällen zum Ziel geführt und stets große Opfer gekostet. Eine zehn Mann starke Gruppe war für eine solche Expedition wie Jungle Heights 3 nicht geeignet. Es bedurfte eines gut ausgerüsteten viel größeren Expeditionskorps, das auch über genügend Zeit verfügte, um das Vorhaben umzusetzen.

Ich sagte dem Colonel, dass ich es für eine gute Idee hielt, eine Übung „solcher Art" durchzuführen. Das verdiene Respekt. „Such a kind" ist natürlich unscharf umschrieben. Es sollte sich auf das Leib und Geist ertüchtigende Naturerlebnis beziehen. Nicht auf die Provokation von Naturkatastrophen. Also musste ich „such a kind!" relativieren. Mich im britischen Understatement bemühend, sagte ich, dass ich eine „weakness" bei den Männern bemerkt hätte. Der Colonel blickte mich etwas ungehalten an. Was ich denn für eine Schwäche bemerkt hätte? Ich sagte, dass seine Männer sehr schwer zu tragen hätten. Am Berg würde zwar die Kondition von Tag zu Tag stärker, allerdings nur wenn man sich nicht gleich am Anfang verausgabte.

Das war als Hinweis auf eine mögliche Gefahr gedacht, wurde aber nicht unbedingt so verstanden. Ich schluckte die Frage, die mir auf der Zunge lag, wieder hinunter, ob er daran gedacht hätte, Träger zu mieten. Aber das war undenkbar. Dies war eine Expedition einer britischen Armeeeinheit. Das Abschleppen am Berg gehörte zur Übung dazu. Eine Inanspruchnahme von Zivilisten zum Lastenschleppen wäre in auffälliger Weise unpassend. Andererseits haben Briten nicht auch immer wieder gerne „Locals" rekrutiert, wenn es darum ging, Drecksarbeiten zu verrichten? Darunter unterschieden sie sich nicht, of course, von anderen Kolonialmächten. Aber diese Zeiten waren doch vorbei! Er hätte mir ebenso gut die Frage stellen können, ob ich einen Träger hätte. Aber ich hatte ja nicht so schwer zu tragen, weil ich eben nicht für mehrere Tage Rationen mitschleppen musste und ich wäre auch morgen schon wieder herunter vom Berg. Es war irgendwie klar, es passte hinten und vorne nicht. Aber wer brachte das dem Colonel bei, der seine Karriereleiter wohl durch pflichterfüllenden Diensteifer, abseits von Kriegen, zumeist in Dienststuben, hochgestiegen ist. Aber einen Berg hoch- und wieder heruntersteigen ist eben doch eine ganz andere Sache. Das ist real life!

 Stattdessen fragte ich, ob es eine Proviantnachlieferung gab, falls sich oben am Berg die Sache verzögerte. Schließlich seien sieben Tagesrationen nicht viel.

„Zehn Tagesrationen!" verbesserte mich der Soldat. Ich hatte gedacht, er oder einer der anderen hatte von sieben Tagesrationen gesprochen.

Auch das wusste ich aus eigener Erfahrung: dass man bei Expeditionen behutsam anfängt und die Nachschubwege mit in die Überlegungen mit einbezieht. Das ist das Wichtigste und Erste. Gerade Bergsteiger wissen, wenn es in große Höhen geht, ist Langsamkeit zur Anpassung wichtiger als körperliche Fitness. Wer überdreht, gefährdet das ganze Projekt. Die Chinesen, die ich irrtümlich als Malaien angesehen hatte, hatten sich schon jetzt verausgabt. Das würde sie körperlich schwächen und ihnen auch psychisch zu schaffen machen, wenn sie sich nicht schnell erholten. Aber in der Höhe erholt man sich langsamer. Bei der Besteigung von ganz hohen Bergen schläft man immer tiefer, als man am Tag hoch gegangen ist. So gewöhnt sich der Körper, indem man ihm Reize setzt. Das gilt umso mehr, wenn man den Körper durch das Schleppen von Lasten in Anspruch nimmt. Das konnte man hier gar nicht, denn das „Basislager" war auf knapp über Meereshöhe und das nächste und letzte „Lager" war bereits auf über 3000 Metern. Für einen nächtlichen Gipfelsturm war das gerade noch zu schaffen, da man ja anschließend wieder herunterstieg. Aber wer dort oben blieb, würde die Auswirkungen der Höhe auf den Körper zu spüren bekommen.

Ich stellte weitere Fragen.

„Ich nehme an, die Ausrüstung ist auch deshalb so schwer, weil ihr veraltete Funkgeräte der Armee dabei habt!"

„Wir haben keine alten Funkgeräte dabei!"

„Aha, gut..."

„Wir haben gar keine dabei. Wir sind doch zusammen, was für einen Sinn hätte das?"

Vielleicht, um mit der Außenwelt in Verbindung zu bleiben? Es wäre ja möglich gewesen, oben auf dem Gipfel oder unten im Parkhauptquartier einen Verbindungsmann zu postieren, der über den Fortschritt der Expedition informiert wurde und auch Hilfe organisieren konnte, wenn sich beispielsweise ein Teammitglied beim Abstieg ein Bein brechen würde. Armeen sind nur erfolgreich, wenn der Nachschub und die Kommunikation gut funktioniert. Das hatte der letzte große Krieg, den die Briten gewonnen hatten, nur zu deutlich gezeigt. Sie hatten ihn gewissermaßen deshalb gewonnen, weil sie sich erstens sehr gut mit den Amerikanern und Russen verstanden. Da hat die Kommunikation mit den Absprachen offensichtlich funktioniert. Und zweitens war der Nachschub der Briten und Amerikaner hervorragend. Sogar die Russen versorgten sie, weil die es alleine nicht geschafft hätten. Moderne Armeen legen besonderen Wert auf die Sicherstellung von Kommunikation und Nachschub.

Ich musste mir darüber im Klaren sein, dass diese Dinge alle vorher in Betracht gezogen worden waren. Einen Augenblick dachte ich, dass meine Fragerei nicht nur überflüssig war, sondern sich auch in den Ohren der Soldaten dumm und anmaßend anhören musste. Aber wie sich herausstellte, ließen die Antworten auf eine viel gefährlichere Dummheit schließen als beim Fragesteller. Bei Jungle Heights eternity (oder war es 6?) war weder die Kommunikation noch der Nachschub gesichert.

Ich hatte doch noch eine Frage an Neill. Es war die Frage eines Zivilisten.

„Warum macht die britische Armee solche Expeditionen mit ungewissem Ausgang? Ist das nicht gefährlich für den Ruf der Armee, wenn Expeditionen fehlschlagen? Die Moral könnte darunter leiden!"

Neill reagierte zuerst gar nicht auf meine Frage. Er hatte seinen Blick auf sein Glas gerichtet, dann ging sein Blick an mir vorbei irgendwo in den Raum und dann wieder zurück zum Glas. Die Frage war provokant. Aber irgendwie war ich der Meinung, dass ich sie stellen müsste. Weniger aus Neugier als dem Colonel zuliebe. Vielleicht brauchte er meine Fragerei nicht. Er musste ja alles schon durchdacht haben. Aber hatte er damit gerechnet, dass seine Mannschaft so schwach und untrainiert sein würde? Und was war mit ihm selber? Jetzt auf über 3000 Metern fällt das Denken auch nicht mehr ganz so leicht, erst recht nicht, wenn man körperlich erschöpft war. Wo war der Berater der Briten? Wo war der unabhängige Beobachter? Im Augenblick hatte ich diese Rolle übernommen, ohne selber ein Fachmann zu sein.

Neill erklärte mir nun mit ruhiger Stimme, die beinahe bedächtig klang, dass das gute alte britische Tradition war. In früheren Zeiten gab es keinen Mangel an Abenteuern und Ausbildungsmöglichkeiten innerhalb kriegerischer Konflikte. Die Zeiten hatten sich geändert. In einer Verlautbarung der Britischen Armee hieß es, dass ein guter Soldat mentale und moralische Selbstdisziplin genauso wie physische Stärke und Durchhalte-vermögen benötigte; er musste an Gefahr, Entbehrungen und Herausforderungen gewöhnt sein und diese waren nicht erhältlich im normalen Friedenszeit-Training. Natürlich auch nicht beim Cricket-Spiel oder bei Gemeinschaftsabenden im Pub.

Ein Team, das ohne doppeltes Netz und ohne Rückversicherung loszog, musste sich gerade deshalb zusammenraufen, weil es den Ernst der Lage kannte. Abenteuerliches Training stärkte das Selbstvertrauen, zwang die Teilnehmer Verantwortung zu akzeptieren und Entscheidungen zu treffen. Die britische Armee unterstützt diese Art von Training, stellte Material und befreite dafür vom Dienst, vielmehr erklärte es als Dienst. Man war dabei aber in einer Zwickmühle. Damit nichts schief ging, weil das Unternehmen die Teilnehmer überforderte oder weil die Gefahren nicht kalkulierbar waren, konnte man wirklich riskante Unternehmen nicht genehmigen. Genehmigte man nur einfache Unternehmen, konnte das hehre Ziel der Ertüchtigung wegen der Unterforderung der Teilnehmer nicht erreicht werden. Ein

Antragsteller musste also einerseits erklärbar machen, dass er und seine Teilnehmer für die gestellten Aufgaben geeignet waren und dass andererseits die Natur des Unternehmens keine wirkliche Gefahr darstellte, die Britische Armee in ein ungünstiges Licht zu rücken.

Mir war sofort klar, dass es dabei ein Problem gab. Man brauchte Experten. Vielmehr, man musste selber Experte genug sein, um sich nicht an überzogenen Unternehmungen zu verheben. Und da es an der Stelle in der britischen Armee, die das Unternehmen zu genehmigen oder abzulehnen hatte, keine Experten für Abseilaktionen im Dschungel Borneos gab oder gegeben hatte, war es mit einer mutmaßlichen Wahrscheinlichkeit von 1:1 zur Genehmigung gekommen.

„Wer entscheidet darüber, ob ein Unternehmen machbar ist oder nicht?" fragte ich Neill.

Er zögerte wieder mit der Antwort: „Die Teilnehmer!" Ich hatte eigentlich etwas anderes gemeint. Ich stellte daher die Frage anders. „Und was sagt das Gremium, das entscheidet, ob die Armee dahinter steht oder nicht? Gibt es da ein Expertenteam?"

„Nein, der Antragsteller ist dafür verantwortlich, dass er weiß, was er tut und weiß, was getan werden muss. Er stellt auch das Team zusammen." Das erschien mir reichlich leichtsinnig.

„Dann haben Sie das Team zusammengestellt?" Er bestätigte. Ich suchte Blickkontakt mit dem Soldat nebenan, der mir so kritisch vorgekommen war. Aber der tat so, als ginge ihn das nichts an. Neill zeigte keinerlei Anzeichen von Zweifel, dass die Expedition missglücken könnte. Er war der Experte. Das wollte ich gerne glauben. Und die anderen auch.

Aus Sicht der Teilnehmer war es natürlich eine willkommene Abwechslung in der Routine eines Berufssoldaten, auch wenn sie ein Viertel der Expeditionskosten beitragen mussten. Da alle

Armeen in Friedenszeiten auf Sparkurs sind, leiden solche Vorhaben an einem knappen Haushaltsbudget, was wiederum einen ungünstigen Einfluss auf den Verlauf und das Gelingen des Unternehmens haben kann. Dazu gehört auch die Reiseplanung, da man auf freie Sitze in Militärmaschinen angewiesen ist.

Was mir unklar war, betraf die andere Seite des Berges, der unbekannter schien, als die andere Seite des Mondes.

„Was ist auf der anderen Seite des Berges?"

„Dschungel!"

„Wildnis?"

„Absolut!"

„Keine Wege?"

„Keine Wege, außer vielleicht Wasserwege. Aber wenn der Penataran wenig Wasser führt, wird er kein Hindernis darstellen."

„Und wenn es regnet?"

„Dann werden wir uns durch den Dschungel schlagen. Es geht abwärts, das wird uns helfen!"

„Sie haben also Dschungelerfahrung?"

„Ja!"

Irgendwie hatte ich meine Zweifel. Ja, klar, er hatte sogar viel Dschungelerfahrung, aber hatte er auch das richtige Durchdenken? In seinem Kopf hatte er einen großen Datenspeicher. Daten müssen richtig interpretiert werden. Wunschdenken ist nicht gefragt. Menschen, die nur an sich selber glauben, müssten wissen, dass ihnen natürliche Grenzen gesetzt sind. Daher können sich Menschen auch nicht selber erlösen, sie bringen es ja nicht einmal fertig, ohne Atem zu leben. Und wenn sie aus der Höher herunter fallen, läuft ihr Leben mitsamt den guten Gefühlen, die sie bei ihren Selbsterlösungsversuchen gehabt haben, aus ihnen heraus.

„Was glauben sie, warum Sie der erste sind, der diese Schlucht bezwingen und den Kinabalu nach Norden hin absteigen wird?" Er verstand die Frage wiederum anders als ich sie verstanden haben wollte. Ich wollte wissen, warum er sich und die Seinen für geeignet ansah. Was zeichnete gerade ihn aus, das zu schaffen, was bisher noch niemand geschafft hatte? Aber seine Antwort war auch eine Antwort. Er sagte:

„Ich glaube der Hauptgrund, warum diese Schlucht noch nicht bezwungen worden ist, ist, dass es noch niemand ernsthaft versucht hat."

Ja, was er sagte, konnte man als einleuchtend bezeichnen. Die beiden anderen Soldaten am Tisch hatten dem nichts hinzuzufügen. Bei dem, der nicht Offizier war, meinem früheren Gesprächspartner, hatte ich den Verdacht, dass er nur wegen der Anwesenheit seines Vorgesetzten wortkarg war. Vielleicht könnte man aus ihm mehr Brauchbares erfahren, aber er schwieg.

Der Colonel vertrat die Ansicht, dass das Team das schwerste Stück Arbeit schon hinter sich hatte. In Low's Gully ging es abwärts und die Rucksäcke würden mit jedem Tag leichter.

Noch eine letzte Frage hatte ich: Ob es ein Akt der „Bravery" sei. Neill gab darauf keine Antwort, er lächelte nur. Als ob man einen Briten nach der Tapferkeit fragen musste.

Die Briten waren in allen Kriegen bravourös. Sie waren mutig, aber für die Waffengänge, für die man noch mutigere Krieger brauchte, holte man sich Verstärkung bei anderen Völkern. Zum Beispiel schickte man Gurkhas für besonders harte Aufgaben. Diese Nepalesen setzte man im letzten großen Krieg gegen die Deutschen ein, wo man auf besonders harten Widerstand traf.

Oder man griff, lange bevor es Gurkha-Einheiten gab und die Briten noch mit den Deutschen verbündet waren, auf Deutsche zurück. Man schickte sie in den Krieg gegen die rebellierenden Amerikaner, hatte dabei aber das Pech, dass auch auf deren Seite viele Deutsche kämpften. Der Ausgang ist bekannt. Und die Schlacht von Waterloo, die dann von den Preußen entschieden worden war, wäre vorher auch schon verloren gewesen, wenn nicht die King's German Legion im Zentrum der Schlacht standgehalten hätte. Die Briten haben den Herzog von Wellington, den Befehlshaber zum Gewinner erklärt. Aber was ist ein Feldherr ohne seine Soldaten?

Bei Low's Gully waren weder bayerische Bergführer, noch nepalesische Gurkhas mit von der Partie. Beide hätten der Expedition gut getan. Britische und chinesische Flachländer sollten schwierige Entscheidungen am Berg den Fachleuten überlassen! Ich war auch kein Fachmann für derartige Unternehmungen. Aber mein Verstand meldete mir: Unbehagen!

Später traf ich Paul, der Leiter des britischen Reiseveranstalters mit Niederlassung in Sabah. Er hatte jedoch weder mit der Planung, noch der Durchführung viel zu tun. Die Anreise war ja noch die leichteste Übung des Ganzen. Ich fragte ihn, was er über Low's Gully wusste. Interessanterweise wollte er mich das Gleiche fragen. Seiner Meinung nach wusste der Colonel gar nicht richtig, auf was er sich da einließ. Eines war er sich sicher: Low's Gully war viel zu schwer für die Gruppe, sie würde das sehr bald merken und dann umkehren. Ich nahm das erstaunt zur Kenntnis. Bisher, sagte er, hatten nur ein paar Briten versucht, da hinunter zu steigen. Sie seien aber bald zurückgekehrt.

„Warum?" wollte ich wissen.

„Weil es nicht einfach war!"

Aha!

„Waren diese Briten Bergsteiger?"

„Ja!"

Und trotzdem hatten sie es nicht geschafft.

„Wusste der Colonel von diesen Versuchen?"

„Ja!"

Es wurde immer dubioser. Tatsächlich waren die Kenntnisse des Colonels über die Schlucht unzureichend.

Im Jahr 1983 hatte Neill einen weiteren Versuch am Kinabalu unternommen. Er ließ nicht locker. War das eine Manie? Auch Foster war wieder dabei. Die Strategie war bei Jungle Heights 4 eine andere. Eine Hälfte machte sich auf in Richtung Ursprung des Penataran, die andere Hälfte sollte ihnen vom Gipfel her entgegenkommen. Man hatte auch damals schon auf Funkgeräte verzichtet, weil man davon ausging, dass die Verbindung wegen der tief eingeschnittenen Schlucht nicht hergestellt werden könnte und die meiste Zeit ohnehin nicht funktionieren würde. Man konnte auf dem Gipfel einen Verbindungsmann postieren, es blieb aber die Schwierigkeit des Geländes.

Inzwischen waren im Computerzeitalter zehn Jahre, eine halbe Ewigkeit, vergangen und ich konnte mir nicht vorstellen, dass es für ein solches Armeeunternehmen nichts Passendes gab, womit man eine Funkverbindung herstellen konnte. Allerdings hatte ich selber auch schon enttäuschende Erfahrungen mit Funkgeräten gemacht. Daher war es nachvollziehbar, dass man einfach die ohnehin schon hohen Kosten für die Expedition, dazu noch die Gewichtsbelastung, niedrig halten wollte, weil man sowieso davon ausging, dass man am Berg keinen Bedarf fürs Funken haben würde. Ein Irrtum wie sich herausstellen sollte. Jungle Heights „let us try again" scheiterte, weil die Zeit, gemessen an den zur Verfügung gestellten Mitteln, nicht ausreichte und schlicht auch deshalb, weil das Wetter schlecht war.

1988 kam es zur nächsten Expedition mit dem gleichen Ziel. Kein Zweifel, Berge rufen tatsächlich manchmal. Und dann muss man dem Ruf Folge leisten, koste es was es wolle! Dieses Mal wurde das Team von Foster angeführt. Es war nicht in Hongkong, sondern in Münster in Westfalen stationiert. Das erschwerte die Vorbereitungen. Und wieder wollte man dem Lauf des Penataran River folgen. Man hoffte eine Trockenphase zu erwischen, so dass man nicht gezwungen sein würde, auf die undurchdringlichen Uferbereiche auszuweichen. Briten sind unverbesserliche Dickköpfe. Gut, gut, aber es nützt nichts, wenn man kein kluger Dickkopf ist! Am sechsten Tag schnitt sich Foster beim Klettern über einen Felsen in die Hand.

Was war nun das Ergebnis des Durchdenkens und Rekapitulierens – leider nicht das Kapitulieren! Man war zu der Überzeugung gekommen, dass die Größe der Gruppe das Fortkommen verlangsamte. Also wurden zwei Teams gebildet, wobei das schwächere die Route über den Gipfel nach unten nehmen sollte. Man war also eigentlich wieder genauso weit wie fünf Jahre vorher. Als das eine Team erst einmal oben am Gipfelplateau angelangt war, verschlechterte sich jedoch das Wetter und schwere Stürme machten jegliche Erfolgsaussichten zunichte. Und auch unten im Tal war man nicht viel weiter gekommen.

„Sabah`s weather is notoriously unpredictable!" hatte mir schon der Park Ranger unten im Park Office gesagt, nachdem ich mich über das Wetter beschwert hatte. Auch dieses Mal war es offiziell „Trockenzeit", aber der Berg hatte seine eigenen Jahreszeiten und zwar wechselte er sie täglich wie eine pfauenhaft eitle Dame ihre Kleider. Es schien so, als habe er sich mit den üblichen Besteigungen über die leichte Normalroute abgefunden, aber Sonderwege ließ er nicht gelten und diese Schlucht im Niemandsland, die sich als Hort für die Geister der Verstorbenen und letztes Rückzugsgebiet urweltlicher Drachentiere besser eignete als jede andere Schlucht dieser Erde, behütete er mit allen Mitteln, die ihm zur Verfügung standen. Es gab da ein besonders raffiniertes Werkzeug der Zerstörung, schnell ein bisschen Regen zusammengebraut, was zum Repertoire jedes freistehenden hohen Bergmassivs gehört, und dann hinunter damit. Low's Gully musste dadurch zu einer ausweglosen Mausefalle werden, denn wo sollte das Wasser hinfließen, wenn nicht durch diese enge Schlucht!

1990 kamen Neill und Foster erneut zusammen. Sie unterhielten sich über alte Zeiten und entdeckten, dass ihre Lust auf die Chaos-Schlucht noch immer nicht erloschen war. Wenig merkwürdig, diese Besessenheit! Diese Schlucht war aus dem Holz geschnitzt, Schlagzeilen zu machen. Sie hatte was Besseres verdient als in der Vergessenheit zu verschwinden. Wenn Neill und seine Freunde sonst nichts erreichten, das gelang ihnen tatsächlich: sie machten mit Low's Gully Schlagzeilen und auch ich muss Colonel Neill und seinen dreisten Kriegern danken, denn ohne ihren Wahnwitz wäre ich um ein Abenteuer ärmer und dieses Buch wäre nicht entstanden.

Noch einmal wollten sie es versuchen – Jungle Heights retour! Aber der Golfkrieg kam dazwischen. Dann traf Foster während eines Urlaubs, den er natürlich in Sabah verbrachte, Robert New, einen Briten, der in Sabah residierte und im Unterschied zu Foster schon richtige Erfahrungen mit Low's Gully gemacht hatte. Er verfügte über gute bergsteigerische Fähigkeiten, die Foster unbekannt waren, die man New auch nicht ansah, sonst hätte Foster nicht geringschätzig äußern können, dass New überhaupt kein olympischer Athlet wäre. Eine Aussage, die jeden Bergsteiger aufhorchen lässt, bedeutet sie doch, dass Foster vom Bergsteigen nicht viel verstehen kann, sonst wüsste er, dass in richtigen

Bergsteigern ungeahnte Kräfte in unscheinbaren Körpern stecken. Die meisten erfolgreichen Top-Bergsteiger sind Leichtgewichte, nicht wenige sind von untersetzter Gestalt. Man könnte das auch frech Höhenanpassung nennen. Die physisch stärksten Bergsteiger sind unter dem nepalesisch-tibetischen Volk der Sherpa zu finden. Sie sind untersetzt und leichtgewichtig. Ich werde nie vergessen, mit welcher Leichtigkeit mir beim Abstieg von Namche Bazar nach Lukla ein Sherpa, der einen Kopf kleiner und wohl auch 20 Kg leichter war als ich, mit meinem Gepäck davonrannte. Dabei war das nur sein Normaltempo.

Die meisten Bergsteiger sind eher schlank und sehnig. Robert New entspricht diesem Bild. Foster selber war kräftig gebaut, wobei sein Übergewicht nicht nur auf Muskelmasse zurückzuführen war. Er konnte schwerlich ein richtiger Bergexperte sein. Und eigentlich konnte er bei der Figur selber auch kein guter Bergsteiger sein. Und schneller nach unten fallen würde er auch nicht. News optisch eingeschränkte athletische Fähigkeiten hatten ihn bereits einige Seillängen in die Schlucht hinein- und wieder hinausgebracht. Es blieb abzuwarten, zu was ein „Athlet" wie Foster, schon deutlich über 50, fähig sein würde!

New war kein Aufschneider, er war eher ein Vertreter des englischen Understatements, das noch durch die Zurückhaltung, die von Bergsteigern mit Bergführerformat üblicherweise praktiziert wird, bekräftigt wurde. Wenn man andauernd seine Nase in Gipfelwinden stecken hat, muss man sie unten im Tal nicht mehr angeberisch in die Höhe recken. Auf Foster machte New jedenfalls keinen großen Eindruck. Auch nicht, als New von der Schwierigkeit berichtete, die er hatte, in die Schlucht einzudringen. Vielleicht war sein Bericht auch zu farblos. Das ist typisch für die Könner, die schon so oft Außergewöhnliches geleistet haben, dass es sie langweilt, immer wieder das herauszustellen, was andere nicht nachvollziehen können. Ich weiß das, weil ich schon vielen Könnern zugehört habe, ohne selber Könner zu sein.

Und so kam es, dass die Unterredung von Foster mit New einen ungünstigen Einfluss auf die weiteren Planungen nahm. Das lag natürlich nicht an New, sondern an dem Laien Foster, der noch zu den Naserümpfern gehörte. Oder hätte New doch eher ein väterlich-scharfes Wort sprechen sollen? Bei Foster wäre es jedoch auf taube Ohren gestoßen. Und überhaupt, was konnte schon so schwer sein, sich in eine Schlucht abzuseilen, wenn Hindernisse wie Wetter und mangelhafte Ausrüstung nicht mehr im Weg standen? Es ist klar wie die beiden britischen Offiziere sich diese Frage beantwortet hatten. Sie hatten ja tatsächlich schon viel Erfahrung vor Ort gesammelt. Aber offenbar fehlte ihnen die Fähigkeit, die richtigen Schlüsse zu ziehen. Daher sind sie auch nicht dafür geeignet, jemals große Führer zu werden. Ich erinnere mich an den Spruch eines Alaska-Kenners, als man noch zu Fuß oder mit Hundeschlitten unterwegs war: Reisen bei 50 Grad Minus funktioniert, wenn es funktioniert. Der tiefe Sinn dahinter ist, wenn alles stimmig ist, bleibt auch alles stimmig. Wenn aber nur ein Faktor in die Schieflage gerät, bricht alles zusammen.

Eine Leistung abzuliefern ist das Eine. Mindestens ebenso wichtig ist aber, jederzeit in der Lage zu sein, die richtigen Entscheidungen zu treffen. Man muss gerade in den Bergen immer wissen, welche Schlüsse man aus den verfügbaren Daten ziehen kann. Man muss die Verhältnisse einschätzen können, aber gerade auch die eigenen Möglichkeiten und Fähigkeiten. In den Bergen fallen besonders die auf, die sich überschätzen. Und manchmal fallen sie auch von den Bergen. Zuerst kommt die Gefallsucht und dann der Fall. Eigentlich absehbar.

3. Kapitel: Die unheimliche Schlucht

Ich wusste mittlerweile: Die herausragendste landschaftliche Besonderheit am Berg, außer dem Berg selbst, war Low's Gully. Die Schlucht mit diesem unscheinbaren Namen reicht von 3900 Metern hinunter auf 1800 Meter in ihrem steilsten Bereich. Die Schlucht bis zum Tiefland, die sich anschließt, zählen manche dazu. So kommt man auf eine Länge von 16 Kilometern. Sie ist ohne Zweifel eine der spektakulärsten Schluchten überhaupt auf diesem Planeten.

Bevor Low nach seinem Besuch in der Gipfelregion im Jahre 1851 mit dem Abstieg begann, erhaschte er noch einen Blick in eine unergründlich tiefe Schlucht hinter dem Gipfelplateau, die auch, wie der Gipfel selbst, seinen Namen tragen sollte: „Low's Gully". Dorthin, so glaubten seine Träger, würden sich die Gipfelgeister zurückziehen, wenn es ihnen auf dem Plateau nicht mehr gefiel. Das war beinahe glaubhaft, es gab keinen unzugänglicheren Ort als der Gipfel bei schlechtem Wetter – außer Low's Gully. Diese Schlucht war noch unerträglicher – bei schlechtem Wetter.

Als ich den Kinabalu zum ersten Mal aus großer Entfernung sah, ahnte ich noch nichts von dieser Schlucht. Sie war auch keine Berühmtheit. Jede Schlucht am Berg musste, da es auf der Vorderseite, wohin die Besucher des Kinabalu kamen, keine Schluchten gab, auf der rückwärtigen Seite des Berges irgendwo hinunterreichen. Aber ihr unteres Ende war nicht aufzufinden. Auf der anderen Seite des Berges war wegloser Dschungel. Es war also ganz verständlich, dass von jener Seite noch niemand je eine Besteigung in Angriff genommen hatte. Die Schlucht, eigentlich mehr ein Schacht, existierte nur am oberen Ende und die meisten, die den Gipfel bestiegen, bemerkten gar nicht, dass sie da war. Man geht an dem Abgrund gerade so weit vorüber, dass man ihn nicht als Schlucht registriert. Auch ich kam daran vorbei, unter Umständen, die es mir nicht erleichterten, einen Blick in die

Umgebung zu machen, um geographische Besonderheiten festzustellen. Und ich ahnte auch dann noch nichts davon, dass Low's Gully mich noch sehr weitgehend beschäftigen würde.

Die einheimischen Dusun behaupteten, dass an diesem Ort ein Drachen lebte. Man muss auch nicht lange suchen, um auf mögliche Ursachen für diesen Glauben zu stoßen. Die Felsformationen am oberen Bereich der Schlucht, die immer wieder von Nebelfetzen bedeckt werden, könnten für überdimensionierte versteinerte Hauer gehalten werden. Low's Gully könnte aber tatsächlich einmal der Schlund eines feuerspeienden Drachens gewesen sein, wenn man Vulkane als Drachen sieht. Doch irgendwann hörte er auf zu spucken. Danach muss, den Spuren zufolge, der Schlund mit eiszeitlichem Gletschereis gefüllt gewesen sein. Ein unheimlicher Ort: die Geister der Verstorbenen und ein urzeitlicher Drache, versteinert oder schlafend, oder beides – das war doch ziemlich viel für einen einzigen Ort. Dazu noch die Gewalt des Faktischen, die häufig aufzubieten hatte: starke Winde, Regen, Wolken, nasse Kälte … das passte eigentlich ganz gut zum Anblick des Berges schon von weitem.

Vergleichbare, freistehende Berge in Südamerika sind Vulkane, die sich jedoch bereits auf einer nichttropischen Höhe befinden. Anders der Kinabalu. Irgendwie schien er unwirklich, gar nicht zu passen in dieses tropische Ambiente. Selbst wenn oben die Sonne scheint, ziehen doch noch Wolken und Nebel aus diesem Loch der Schlucht hinauf, fast wie Drachenrauch. Und auch der noble St. John sah hinunter, er sah: „Eine tiefe Kluft, auf drei Seiten umgeben von Abgründen, so tief, dass das Auge den Grund nicht erreichen kann: nur das Gezwitscher unzählbarer Schwalben, die unten in Scharen vorbeifliegend, deutlich zu hören waren".

Die erste militärische Expedition wurde in den zwanziger Jahren unternommen, Major Enriquez bezeichnete diese Schlucht als

„horrender Schlund – eine Art Krater; ein veritabler Teufelskessel von unglaublicher Tiefe...So wie der äußere Anblick des Kinabalu senkrechter Art ist, so ist es auch im Inneren."

Als ob der Berg in dem tropischen Dschungelland nicht schon an sich eine Besonderheit gewesen wäre! Sein steiles Äußeres, die außerordentliche Höhe! Zu hoch in den Wolken, um eine geheime Stadt zu bauen, nie entdeckt von den Königreichen Ostasiens. Wer hätte sie auch bauen sollen?

Als ob der felsige Gipfelbereich, den man nur an wolkenfreien Tagen sieht, nicht schon eine Abnormität wäre, bietet sich für den, der sich bis nach oben gewagt hat, noch eine weitere Überraschung. Der abgelegenste Ort, den man sich im Lande denken kann, wohin vermutlich auch Jahrhunderte oder gar Jahrtausende nie ein Mensch sich vorwagte, birgt diese Schlucht ins Nichts, ein Tor zur Unterwelt wie man es sonst noch in einem der Geysire auf Island und in einer Eisspalte in der Antarktis vermutet.

Die Schlucht war von Robert New und Steve Pinfield in den späten achtziger Jahren erkundet worden, jedoch nur im oberen Bereich. Da die beiden erfahrene Kletterer waren und die passende Ausrüstung dafür mitführten, war das Unterfangen an sich nichts Ungewöhnliches. Aufkommender Regen hatte sie dazu veranlasst, umzukehren.

Das Wasser, das ringsum die Wände herunterlief, sammelte sich blitzartig und wurde zu einem Sturzbach. Das hatte die beiden doch sehr beeindruckt. Es war klar, dass man, wenn man in der Schlucht blieb, eine sehr ungemütliche Zeit zu verbringen hätte. 1990 versuchten es die beiden sogar noch einmal, aber bei einer Unachtsamkeit verlor Pinfield den Halt. Er stürzte ab und konnte sich gerade noch an einem Strauch festhalten, verletzte sich dabei jedoch so sehr, dass man das Unternehmen abbrechen musste.

Das folgende Jahr sah sie wieder in der Schlucht. Eben auch hartnäckiger britischer Forscherdrang oder Sportsgeist. Sie hatten wenig Ausrüstung, weil sie auf Schnelligkeit setzten. Das erhöhte ihre Chancen, nicht wieder vom Regen überrascht zu werden. Dafür hatten sie das Risiko, vielleicht nicht genügend Material dabei zu haben. Sie nahmen nur zwei Seile. Die Schwierigkeit lag darin, dass es völlig unbekanntes Terrain war. Einmal abgeseilt und das Seil durchgezogen, gab es kein Zurück mehr.

Mit einem 50 Meter Seil kann man aber nur 25 Meter abseilen, wenn man das Seil wieder abziehen muss, weil man es doppelt nehmen muss. Die Schlucht war steil, vielleicht war sie an einer Stelle so steil und so hoch, dass man nicht weiter nach unten absteigen konnte. Unter Umständen würde man so tief abseilen, dass man weder nach oben noch nach unten weiter vorwärts konnte! Diese Problematik hatte man nicht, wenn man irgendwo zuerst hinaufkletterte, weil man dann die Strecke bereits kannte, auf der man später wieder abseilen würde.

New und Pinfield kletterten einen Tag ab. Es war schwierig genug, sie mussten über große Felsblöcke klettern, die in der engen Schlucht festhingen. Schon damals gab es das „Bouldern", jedoch mit größeren Absturzhöhen, die natürlichen Vertiefungen im Fels waren mit Wasser zu Pools gefüllt, die umklettert werden mussten, zum Teil ging das, je tiefer sie nach unten vorstießen, nur über dichtes Gestrüpp an den Flanken. Es gab also Fels- und Wasserhindernisse, die das Fortkommen ungemein erschwerten und verlangsamten. Die erste Nacht verbrachten sie frierend, da sie aus Gewichtsgründen keine Schlafsäcke mitgenommen hatten. Spätnachmittags kamen sie an eine schwierige Stelle. Die Schlucht verengte sich und zwang das Wasser in einem Wasserfall sieben Meter nach unten zu fallen. Man konnte sehen, dass sich das Ganze weiter unten gleich noch einmal wiederholte.

Sie beschlossen erst einmal ihr Nachtlager einzurichten. Am nächsten Morgen wollten sie seitlich ausbrechen. Auf einem schmalen Felssims versuchten sie aus der Schlucht zu kommen, um an anderer Stelle weiter absteigen zu können. Doch bald schon mussten sie umkehren. Sie versuchten es an einer andern Stelle weiter oben wieder, dabei sahen sie auch, dass ihr ursprünglicher Kurs sie zu einer Reihe von senkrechten Abstürzen und Kaskaden gebracht hätte, wo die Wände weniger als dreißig Meter voneinander abstanden. Diese Stelle wurde später New's Pool genannt.

Doch auch dieses Mal kamen sie nicht weit: eine grundlose, senkrechte Stelle beendete den Versuch. Beim Abseilen muss man wissen, wo der Grund ist. War in der Schlucht zu viel Wasser, so war ihr Umweg über die Felsfluchten eine trockene Angelegenheit, die die beiden schnell erschöpfte. Sie hatten keine Wasserflaschen bei sich.

Robert New sagte später: „Ich habe mich schon oft müde gefühlt auf meinen Expeditionen, aber ich war noch nie so erschöpft als am dritten Tag, an dem wir versuchten, aus der Schlucht zu kommen."

Er betonte auch die besondere psychische Situation, in unerforschtes Gebiet vorzustoßen und das noch „mit einer Frau und zwei Kindern, die zu Hause auf mich warten." Am vierten Tag gelang es ihnen, aus der Schlucht herauszusteigen und eine Route den Berg hinunter zu finden, bis zu einem Nebenfluss des Penataran. Eigentlich hatten sie noch Glück, denn sie hatten eine trockene Phase erwischt. Wenn am Berg nur zwei Zentimeter Regen fallen, die man in der Panar Laban-Hütte aussitzen kann, wird die Schlucht zu einem einzigen Wasserfall, der jegliches Fortkommen unmöglich macht. Das war eine der wichtigen Erkenntnisse, die New und Pinfield gemacht hatten. Das war ihnen nur allzu klar.

Die leichtesten Niederschläge am Gipfelplateau verwandeln diesen Ort in einen reißenden Strom. Doch der muss vom Berg herunter – von einem Berg, der nur steile Wände hat! Selbst der Nebel ist ein ständiger Wasserlieferant. Am Kinabalu entsteht ständig Nebel, meist auf einer Höhe von 1200 bis 3200 Meter. Da die Blätter der Vegetation eine etwas geringere Temperatur haben als die Umgebung, weil ihre Transpiration einen kühlenden Effekt hat, kondensiert der Wasserdampf in der feuchtigkeitsgesättigten Luft an den Blättern. Sie sind wie Kondensatoren, die den Wasserdampf in der Luft anziehen und abfließen lassen. Nebel bedeutet also ebenfalls eine starke Niederschlagsmenge.

Flächenmäßig bezieht Low's Gully sein Nass von ca. zehn Quadratkilometern. Bei 171 Regentagen im Jahr, hat ein Hydrologe errechnet, gibt es 400 cm pro Quadratmeter. An einem durchschnittlichen Regentag sind es 2,3 cm. D. h. pro Meter gibt es 23 Liter Wasser, oder 230 Millionen Liter Wasser, die über Low's Gully in den Penataran fließen sollen. Diese Wassermenge muss an einem Tag weggeleitet werden, falls es nicht am nächsten Tag ein überbordendes Problem geben soll.

Manchmal sind die Tage aber gar keine durchschnittlichen Regentage. Die Fließrate liegt angeblich bei ca. 1300 Litern pro Sekunde. Das ist immerhin mehr als eine Tonne Wasser, die einem Kletterer unter Umständen aufs Haupt donnert. Aber in der Regenzeit vervielfacht sich diese Menge. Es ist klar, dass die schiere Menge an Wasser schon ausreicht, um jeden, der sich in der Schlucht aufhält, in große Gefahr zu bringen. Er kann erschlagen werden, ertrinken, abstürzen, an Unterkühlung sterben oder... verhungern!

New und Pinfield hatten gelernt: das größte Problem beim Kinabalu ist nicht hinaufzukommen, sondern hinunterzukommen.

Die Tatsache, dass New und Pinfield noch nicht einmal Wasserflaschen mitgenommen hatten, wurde natürlich von Foster und Neill als grundlegender Fehler betrachtet. Aber sie schlossen daraus, dass die beiden kein kompetentes Team für die sich ihnen gestellte Aufgabe gewesen waren. Das war nur einer der vielen Fehler, die sich summierten: die beiden Bergsteiger, die sich in Low's Gully bereits versucht hatten, zu unterschätzen. Es waren ja nur Zivilisten! Aber was waren die Militärs? Sie waren ambitionierte Flachländer. Die Mitnahme von Wasserflaschen in Low's Gully entscheidet nicht darüber, ob man die Schlucht heil hinunter kommt, allenfalls darüber, ob man heil einen seitlichen Notausgang nehmen kann, denn in der Schlucht gibt es eher zu viel Wasser als zu wenig.

Anders sieht es mit der Mitnahme von Seilmaterial aus. Da New und Pinfield nur zwei 50-Meter-Seile mitgenommen hatten und sich nicht geäußert hatten, dass dies nicht ausreichen könnte, war es auch für die beiden Offiziere kein Thema, dabei übersahen sie völlig, dass New und Pinfield gute Bergsteiger waren, die frei klettern konnten, wo Anfänger ein Seil brauchten. Wäre das Neill und Foster bewusst gewesen, hätte es Einfluss nehmen müssen auf die Auswahl der Expeditionsteilnehmer. Sie glaubten immer noch, Low's Gully benötigte nur ein Quantum britischer Zähigkeit.

Foster ließ Neill auch wissen, dass New keine Lust mehr auf die Schlucht hatte. Auch das verursachte keinen Respekt bei den zwei britischen Expeditionsreisenden, die sich ihre Abenteuerhörner noch nicht abgestoßen hatten. Foster und Neill waren zu dem Schluss gekommen, dass New und Pinfield gescheitert waren, weil sie eine unzureichende Ausrüstung dabei hatten. Ein besser ausgerüstetes Team wäre für die Aufgabe besser geeignet. Man wäre in der Lage, soweit zu kommen wie New und Pinfield, um dann entweder noch weiter abzusteigen oder die „Escape route", den Notausstieg zu nehmen, wie ihre Vorgänger. Aber das beste

Material ist nur so viel Wert wie der, der es bedient. Gib einem Blinden eine Flinte!

Wie sich herausstellen sollte, musste entweder viel geklettert oder viel abgeseilt werden, zum Abseilen benötigt man Seile, zum Klettern benötigt man klettertechnische Fertigkeiten. Hat man nicht genügend Seile und kann man nicht genügend gut klettern, hat man Probleme. Ernsthafte Probleme. Und Regen erschwert das Ganze. Es gibt nichts, was Kletterer mehr verabscheuen und von ihrem Vorhaben abbringt als Regen, geschweige denn Regen, der als Sturzbach in Erscheinung tritt. Für das dann erforderliche Canyoning, eine Sportart, die erst in den letzten Jahren bekannt geworden ist, benötigt man jedoch eine extra Ausrüstung. Man darf wetten, dass sie wasserfest ist!

Hatten die Briten „waterproof" Klamotten? Nein, sie beabsichtigten ja bei trockenem Wetter abzusteigen!

Keiner der britischen Armeeangehörigen war ein Alpinist. Aber immerhin, Mayfield war ein Joint Service Rock Climbing Instructor. Er kannte sich mit den grundlegenden Kletter- und Abseiltechniken aus. Aber sonst hatte keiner der anderen Teilnehmer entsprechende Qualifikationen. Außer Neill und Foster, den beiden ältesten Teilnehmern, hatte nur der junge Soldat Brittan schon Erfahrungen mit Klettern und Abseilen, bevor er zum Team gestoßen war. Er war sieben Monate in Belize stationiert gewesen, von wo er den Dschungel kannte. Aber nur Neill und Foster hatten eine ungefähre Vorstellung über die Anforderungen der Expedition. Die übrigen Teilnehmer wussten nur, dass als Teilnahmebedingung Höhenverträglichkeit, Schwimmen und Abseilen verlangt waren. Die Gruppe traf sich noch vor der Abreise zu Abseilübungen an einem Viadukt in England. Die Chinesen waren nicht dabei. Eine zweite Trainingsrunde fiel wegen Regen ins Wasser. Eigentlich merkwürdig, wenn man bedenkt, dass es in Low's Gully Wasser im

Überfluss gibt. Man hätte den Ernstfall proben können, aber verpasste die Gelegenheit.

Geplant war eine weitere Trainingsrunde in Hongkong, zusammen mit den Chinesen, die noch zum Team dazustoßen würden. Doch dazu kam es nicht, weil man die frei werdenden Sitze in der Militärmaschine nach Brunei nutzen musste. Es stellte sich heraus, dass die drei Chinesen nicht die richtige Ausrüstung dabei hatten, dass sie keinerlei Erfahrungen im Bergsteigen hatten und noch dazu nicht gut Englisch sprachen.

Von Brunei war das gesamte Team zwei Tage später auf dem Wasserweg nach Kota Kinabalu gelangt. Erst im Kinabalu National Park hatte man wieder eine Gelegenheit für gemeinsames Abseiltraining. Und das hatte ich ja miterlebt – ohne dass es mich überzeugt hätte. Aber ich war nicht der Einzige, der sie beobachtet hatte. Paul, der Leiter des britischen Reiseveranstalters, hatte auch zugesehen. Im Gegensatz zu mir kannte er da bereits die Absichten der Expedition und sprach ihre Leiter auch daraufhin an, ob die Fähigkeiten des Teams für das Unternehmen ausreichen würden. Aber es fehlten ihm letzten Endes die eigenen Erfahrungen, um es beurteilen zu können. Anders New, den Neill und Foster in seinem Haus am Tag zuvor aufgesucht hatten. Er gab drei Dinge zu Bedenken:

1. Seiner Meinung nach waren die Rucksäcke zu schwer und zu groß, sie würden die Männer der Gefahr eines Unfalls aussetzen, weil man seinen Köper nicht mehr unter Kontrolle hatte. Ein Umstand, der beim Klettern ja die größte Rolle spielt.

2. Die Gruppe war zu groß. Das war auch der Grund, warum er der Einladung nicht nachgekommen war, einfach der Expedition beizutreten. Er hatte mit Pinfield die Tour gewagt. Dabei hatten sie ausgemacht, keinen Dritten mitzunehmen, weil ihnen das Risiko eines Unfalls zu hoch war.

Neill argumentierte, je größer die Gruppe wäre, desto größer auch die Möglichkeit der Gruppe, sich selber zu helfen, und umso mehr hilfreiche Ausrüstung konnte sie auch dabeihaben, d. h. umso mehr Fähigkeiten Einzelner konnten eingesetzt werden, auch gerade, wenn ein Problem auftauchte. New war davon nicht zu überzeugen, er blieb skeptisch.

Aber der gewichtigste Punkt, den New einwarf, war der dritte:

3. Es war zwar Trockenzeit, aber sie hatte in Wirklichkeit noch nicht so ganz angefangen und Regen stand in Aussicht. Was das oben auf dem Gipfelplateau und in Low's Gully bedeutete, wusste niemand so gut wie New. Fünf Minuten Regen, hatte er selber erfahren, reichten aus, um die Schlucht in einen Wasserfall zu verwandeln. Das war etwas, das ausgerechnet Briten, die Regen gewohnt sind, nicht schrecken konnte. Aber New war auch Brite und doch „considerably scared" wie er selber sagte. Wenn er sich nicht absolut sicher war, dass es trocken bleiben würde, würde er lieber Jahre lang warten, ehe er wieder hinabstieg.

Solange konnte die britische Armeeexpedition nicht warten. Was New nicht wusste, war, wie das Team zusammengestellt war und wie ungeeignet die meisten für das Unternehmen waren. Er kannte diese Leute ja nicht. Hätte er sie gekannt, hätte er Neill dringend und erst recht von seinem Vorhaben abgeraten. So aber dachte er, es ging ihn als Zivilisten nichts an, was eine britische Armeeeinheit anstellte.

So viel habe ich über die Sache in Erfahrung bringen können. Ich weiß nicht, was New in seiner Zeit beim Militär erlebt hat. Vielleicht war er gar nicht beim Militär. Dann hatte er vielleicht auch unbegründetes Vertrauen in die Fähigkeiten der Armee.

An dem Morgen, als ich – nichtsahnend – im Wald unterwegs war, um eine Rafflesia zu finden, statteten Neill und Foster dem Chef des Hauptquartiers, Eric Wong, einen Besuch ab, um nach der

Erlaubnis für die Expedition in Low's Gully zu ersuchen. Sie hatten diese beantragt, aber offenbar war der Brief nicht zu Wong durchgekommen. Dennoch genehmigte er es, obwohl er ihnen zugleich von ihrem Vorhaben abriet. Es sei über-ambitioniert. Eine Woche würde nicht ausreichen, sie bräuchten mehr Zeit und mehr Proviant. Er hatte nämlich auch schon einschlägige Erfahrungen gemacht. Interessant, so viele, die den britischen Schluchtenforschern begegneten, hatten bereits ähnliche Unternehmungen durchgeführt und alle waren gescheitert. Ich hätte an der Stelle von Neill sofort meine Koffer gepackt!

Wong hatte mit einem Team versucht, in zehn Tagen vom Penataran River das untere Ende der Schlucht zu erreichen und auch ihm war es nicht gelungen! Die Ausrüstung hatte sich als unzureichend erwiesen. Sie brauchten vier Tage, um auf eine Höhe von 1300 Metern zu kommen, dann behinderte Hochwasser ihr Fortkommen. Wie erst musste es dann in der Schlucht zugehen!

Neill räumte ein, dass sie jederzeit die Expedition abbrechen könnten oder stattdessen zu einem anderen Vorhaben ausweichen würden, wenn sich die Verhältnisse als zu schwierig erweisen würden. War das ein Zeichen der Einsicht? Wong bot ihnen auch Träger bis zu Panar Laban an. Doch sie lehnten ab, obwohl ihnen das eine erhebliche Einsparung von Kraftreserven erbracht hätte, die sie später so bitter nötig haben würden.

Später sollten Neill und Foster behaupten, sie hätten gar nicht mit Wong, sondern nur mit seinem Deputy gesprochen. Vielleicht auch ein Grund, die Warnung des vermeintlichen Deputys nicht ernst zu nehmen. Wong, selber ein Malaie chinesischer Abstammung, sah aus wie einer jener Chinesen aus Hongkong, die sich in Neills Team als die schwächsten Teilnehmer präsentierten. Man braucht nicht Rassist zu sein, wenn man ein Vorurteil hegt.

Das Missverständnis von Neill über die Identität des Park-Chefs zeigt zumindest, dass die Konversation eher in einer lockeren Atmosphäre stattgefunden hatte, wo zwei Gesprächspartner ein bisschen über das Thema redeten, ohne jeweils dem, was der andere sagte, viel Gewicht beizumessen. Auf Seite der Briten war man sich wiederum nicht der Tragweite der Worte bewusst. Man plaudert und schaut sich nicht in die Augen, weil man spürt, dass man nicht auf der gleichen Wellenlänge ist. Vielleicht hielten die Offiziere der glorreichen britischen Armee Wong, der ja nur zum Aufsichtspersonal eines malaysischen Nationalparks gehörte, für einen sesselsitzenden Bürokraten. Vielleicht bemerkte jener die Reserviertheit der Briten und drang daher auch nicht tiefer in die Sache ein. Besser als ein Unternehmen abbrechen zu müssen, ist immer, es vorher richtig einzuschätzen, damit man gar nicht in Versuchung kommt, etwas Zweifelhaftes bis in die letzte Konsequenz durchzuziehen und dabei vielleicht die entscheidenden Fehler zu begehen.

Neill hatte keinen Plan für Notfälle. Seiner Ansicht nach hing die Sicherheit der Gruppe am Berg von der Gruppe selber ab. Feine Theorie! Wenn ein Mann alleine auf einen Berg steigt, hängt seine Sicherheit am Berg auch alleine von ihm ab! Gegenüber dem Parkhauptquartier ließ Neill verlauten, dass er die Absicht hätte, bis zum 4. März zurück zu sein. Das war für Neill das Datum, das darüber entscheiden sollte, ob etwas schief gelaufen wäre. Neill ging davon aus, dass dies bedeutete, man würde Hilfe organisieren.

Merkwürdig nur, dass niemand im Hauptquartier davon etwas wusste. Also war auch das nicht klar zum Ausdruck gebracht worden. Man hatte Neill ein Formular unterschreiben lassen, in welchem er erklärte, dass die Parkbehörde in Bezug auf die Expedition keinerlei Verpflichtungen wahrzunehmen hatte. Zwischen der Ausdrucksweise eines britischen Offiziers, der seine

Worte sorgfältig und mit Bedacht wählt und dem Verstehenshorizont eines malaysischen Parkwächters scheinen doch Unterschiede zu bestehen!

Neill hatte Majo Ramsden in Hongkong als Ansprechpartner für Notfälle genannt. Doch auch der war sich dieser ehrenhaften Rolle nicht bewusst. Dies erklärt sich wiederum dadurch, dass Neill nicht wirklich dachte, dass er die Dienste des Majors jemals beanspruchen würde. Eine Telefonnummer dieses Majors wurde im Parkhauptquartier daher auch nicht hinterlegt.

Es war bereist 9.00 Uhr als der britische Reiseleiter Powell das Team mitsamt Ausrüstung freundlicherweise bis zur Power Station auf 1.890 Meter fuhr, wo der eigentliche Trekkingweg begann. Er ging selbst mit einer Reisegruppe hinauf und war natürlich schneller oben als irgendeiner der britischen Truppe, die durch die schweren Rucksäcke nur langsam vorankamen.

Als Powell sah, wie schwer sich einige Teammitglieder taten, riet er Neill nochmals von seinem Vorhaben ab. Hier gab es keine Kommunikationsschwierigkeiten zwischen den beiden Landsmännern. Er schlug ihm auch vor, ein Datum zu nennen, wann sie wieder zurück sein würden, damit er Maßnahmen einleiten konnte, falls sie nicht wieder auftauchen würden. Neill lehnte ab. Das war natürlich unprofessionell. Vielleicht war seine Ehre als britischer Offizier gekränkt. Falsches Ehrgefühl hat schon manchen Offizier das Leben gekostet. Aber vielleicht kommt noch ein weiterer psychologischer Umstand dazu. Wenn man alle Hochzeitsgäste geladen hat und vor dem Traualtar steht, welche Braut traut sich dann noch „Nein!" zu sagen, wenn ihr Zweifel kommen? Neill war jetzt so weit gegangen, er hatte so lange alles auf den Tag X vorbereitet, und er hatte große Töne gespuckt – jetzt gab es kein Zurück mehr, da musste er durch. Er musste durch Low's Gully!

„Waren sie jemals in Low's Gully?" hatte Neill ihn gefragt, erzählte Powell, der die Frage verneinte.

„Woher wissen Sie dann, dass es dort so schrecklich ist?"

„Ich habe gehört, was New darüber gesagt hat!"

„Ich habe New vor zwei Tagen besucht. Waren sie jemals am Penataran River? Ich und Foster waren schon da, drei Mal!"

Anscheinend erkannte Neill nicht, dass es da einen Unterschied geben könnte zwischen Low's Gully und Penataran River. Anscheinend war er sich nicht bewusst, dass es eventuell gar nicht um seine Ehre ging, sondern um das Leben von 10 Menschen. Und so entging ihm auch, dass man ihm nur gute Ratschläge geben wollte.

Natürlich musste es jedem, der den Penataran River einmal ein paar Kilometer am Ufer entlang oder gar durch das Flussbett gefolgt war, so vorkommen, als gäbe es kein schwierigeres Unternehmen für eine Gruppe von Fußgängern, die Marschgepäck bei sich haben. Andererseits war es nur zu klar, dass das Gelände auf der Nordseite des Kinabalu sehr steil war. Zwischen Gipfel und Penataran River konnte ein Abschnitt sein, der sowohl steil war, als auch die Schwierigkeiten des Penataran River, nur in gesteigerter Form, beinhalten konnte. Ich dachte immer, es gab nichts, was ein preußischer Offizier nicht können konnte, aber offenbar, dachte Neill das Gleiche galt für einen britischen Offizier und seine Subordinierten. Auf eines hatte New Neill deutlich hingewiesen: sollte es regnen, müsste er seine Expedition abbrechen, weil sie dann nicht nur nicht mehr durchführbar sein würde, sondern auch sehr gefährlich.

Sobald Powell einen ersten Eindruck von den Fähigkeiten des Expeditionsteams am Berg gewonnen hatte, riet er gleich gänzlich von der Durchführung des Unternehmens ab, auf das Wetter kam es gar nicht mehr an. Aber das war seine Meinung. Die Meinung eines Zivilisten, der Sorge hatte, seine Reisegruppen vollständig wenigstens bis Panar Laban zu bringen. Bei Powell meldete sich die Vernunft, die bei den beiden britischen Offizieren noch nicht wach geworden war und auch die nächsten verhängnisvollen Tage auf Tauchstation bleiben würde. Und als dann die ersten Ansätze von Vernunft auftauchten, ging die ganze Expedition unter! Sie ging den Bach runter!

Von diesen Gesprächen wusste ich natürlich nichts. Auch nicht, dass Mayfield, der Corporal, mit dem ich gesprochen hatte, und Mann, ebenfalls Corporal, dem Colonel noch am Abend vorgeschlagen hatten, das Team in zwei Gruppen aufzuteilen. Die Stärkeren sollten unter Führung von Mayfield Low's Gully in Angriff nehmen, die Schwächeren sollten ihnen durch den Dschungel von Melanga Kappa entgegenkommen. Eine Aufteilung in zwei Gruppen hatte man schon in Jungle Heights 4 ausprobiert. Wegen dem hohen Wasserstand war gegen die Strömung des Penataran River jedoch nicht anzukommen gewesen.

Das Team hatte in ihrer Unterkunft eine Lagebesprechung, bei der der Colonel aber alle Verbesserungsvorschläge zum Gelingen der Expedition zurückwies. Es war ja seine Expedition und er war der Führer. Und er dachte wohl auch, er sei der Klügste. Aber nur weil man jedes Schachspiel gewinnt, heißt das noch lange nicht, dass man der Klügste ist! Die anderen blieben ohne Erfolg mit ihren gewichtigsten Einwänden. Aber auf eines einigte man sich. Die vier Stärksten sollten ein Vorauskommando bilden, um den besten Weg auszukundschaften.

Ich hatte mit Martin, meinem local guide, ausgemacht, dass er mich erst um drei Uhr wecken sollte, nicht um halb zwei, als die anderen Touristen sich aufmachten. Ich wurde dann aber durch den Lärm wach. Es war ein Schweizer Ehepaar, ein australisches Ehepaar, zwei junge Amerikaner, die eine Britin dabei hatten und die zwei Japaner, die ich unterwegs überholt hatte.

Ich war gerade am Fuß der Steilwand angekommen, als mir die Schweizer und Australier entgegen kamen. Es hatte angefangen leicht zu nieseln. Das machte die Sprossen aus Metall und den Fels glitschig. Es war zudem ungemütlich kalt. Besonders oben auf dem Plateau würde der Wind blasen. Das war kein Tag, an dem man seinen Hund vor die Tür jagen würde, kein Tag für bergsteigerische Unternehmungen.

Es gab leichte Kletterstellen, die mit einer Stahlkette abgesichert waren. Als ich diese hinter mir gelassen hatte, wartete ich an den ersten Fixseilen auf meinen Guide und die anderen, die ich überholt hatte. Ich war mir nicht ganz sicher, dass sie nicht auch zurückkehren würden. Ich wusste nicht, was mich oben noch erwartete. Ich hatte keine Vorstellung davon, dass der Gipfel aufgrund der durchgehend gespannten Fixseile auf den letzten 300 Höhenmetern nicht zu verfehlen war. Es war mir nicht bekannt, dass es, mit Ausnahme der letzten Meter, nicht viel zu klettern, sondern allenfalls zu steigen gab. Das Gelände war weitgehend für aufrechtes Steigen ohne Hilfsmittel geeignet, mit Ausnahme der Gipfelpyramide, wo man wieder Hand anlegen musste.

Ich erreichte bei leichtem Regen die Sayat-Sayat-Hütte, eine Blechhütte, die leer stand. Inzwischen bereute ich es, dass ich keine Kleidung dabei hatte, die dem Wetter angemessen war. Ich war sportlich angezogen, weil ich die Bergfahrt als sportliche Unternehmung einschätzte – schnell rauf und schnell wieder runter. Wie war das mit, wenn alles perfekt läuft, läuft es?

 Der Berg war für meine Begriffe als nicht schwer genug beschrieben worden und ich hatte gedacht, ihn quasi im Vorübergehen besteigen zu können. Ich war gezwungen, mich weiter zu bewegen, um nicht auszukühlen und beschloss, an der Hütte nicht auf die anderen zu warten. Ich ging weiter zum Gipfel.

Viel zu früh kam ich dort an. Die Wolken peitschten vorbei und zogen durch mich hindurch. Einen kalten, nassen Hauch bekam ich fortwährend ins Gesicht. Schnell war ich durchnässt. Es war klar, dass es heute keinen Sonnenaufgang zu sehen gab. Trotzdem wartete ich zwanzig Minuten in einer Felsaushöhlung unterhalb des Gipfels kauernd, als ob mir mein Guide dann dort oben doch noch etwas zeigen könnte.

Der Regen wurde stärker. Er kam nicht von oben, sondern aus allen Richtungen. Endlich sah ich, wie zwei Gestalten an mir vorbei zum Gipfel hinauf wankten. Sie fragten mich etwas missmutig, wie weit es noch bis zum Gipfel wäre. Es waren die zwei Amerikaner. Ihr Guide war nicht dabei.

Ich machte mich nun auf den Weg. Es wurde höchste Zeit, wenn ich nicht auskühlen wollte. Solange man Wärme im Körper hat, ist alles im normalen Bereich. Sobald man aber bemerkt, dass man Schwierigkeiten hat, das Körperinnere warm zu halten, muss man wirkungsvolle Gegenmaßnahmen ergreifen. Ich musste damit rechnen, ein bis zwei Stunden für den Abstieg zur Panar Laban Hütte zu benötigen. Dafür musste meine Energie auch noch ausreichen.

Inzwischen hatte sich das Gipfelplateau in einen breiten Strom Wasser verwandelt. Nun begriff ich auch, warum das Seil gespannt war. Würde man auf dem glattpolierten Felsen ausrutschen, konnte es leicht passieren, dass man über die Felskante gespült wurde, denn das Gipfelplateau fiel nach allen Seiten hin senkrecht ab. Die Vertiefungen hatten sich längst mit Wasser gefüllt, die Rinnen waren zu reißenden Bächen geschwollen und selbst auf den Felsflächen schoss das Wasser mit großer Geschwindigkeit mehr als knöcheltief hinunter. Ausrüstung, die man hier fallen ließ, war unwiederbringlich verloren. Der Gipfelbereich war unter diesen Wetterverhältnissen nicht ungefährlich. Es war höchste Zeit, das Plateau zu verlassen.

Ich hoffte, dass dies auch die beiden Amerikaner bemerken würden.

Aber wo war ihr Guide? Und wo blieb eigentlich mein Guide? Gewiss, ich war zügig hochgestiegen, aber ich hatte so lange gewartet. Ich konnte mir das nicht erklären. Es geschah aber etwas noch Unerklärlicheres, was mir heute noch beinahe so vorkommt, als sei es meiner Phantasie entsprungen. Man erlebt auf Bergen immer wieder Merkwürdiges, gerade auch, was die Verhaltensweisen von Zeitgenossen anbelangt. Da gibt es Wochenendausflügler, die meinen, sie könnten in Sandalen Fels- und Eisgipfeln schnell mal einen Besuch abstatten. Es gibt zu jeder Gedankenlosigkeit aber noch eine Steigerung.

In dem Fall war es die Engländerin, die ich bei der Leiter ganz unten zusammen mit ihren amerikanischen Begleitern überholt hatte. Ich hatte fest damit gerechnet, dass sie umkehren würde, zumal sie völlig ungeeignetes Schuhwerk hatte. Sie kam mir an dem Seil entgegen, völlig durchnässt und – auf Stöckelschuhen. Ich war fassungslos. Mir war nicht aufgefallen, dass sie vorher schon welche anhatte. Ich riet ihr dringend umzukehren. Sie dachte gar nicht daran. Sie hatte nicht den Anflug eines Zweifels, dass das, was sie da tat, falsch sein könnte. Ich forderte sie auf, mit mir abzusteigen. Nein, sie wolle erst zum Gipfel, es könne ja nicht mehr weit sein.

Es ist mir auch heute noch schleierhaft wie eine junge Frau auf eine so verrückte Idee kommen kann, mit Stöckelschuhen auf einen 4000 Meter hohen Berg zu klettern. Sie war Engländerin. Vielleicht hatte sie eine unsinnige Wette laufen. Ich wusste nicht, was ich mehr bestaunen sollte, ihre Kaltschnäuzigkeit oder ihre Geschicklichkeit im Umgang mit Schuhen, die ungefähr so gut geeignet waren für eine Bergbegehung, wie ein Toaster.

Es war geradezu besorgniserregend, wie schnell das Wasser auf dem Gipfelplateau zusammenlief. Es stürzte aus allen Richtungen herbei. Es hatte nirgendwo auf der schrägen Fläche von wenigen Quadratkilometern eine Möglichkeit zu versickern. Es musste sich somit den Weg über den nackten Fels suchen. Im Augenblick war mir dieser Ort sehr unsympathisch. Der Regen klatschte eiskalt ins Gesicht. Wäre es einige Grad kälter gewesen, wäre der Niederschlag als Schnee gemächlich gefallen und ehe viel liegen geblieben wäre, wäre man wieder unten gewesen. Dass auf 4000 Metern Höhe die Temperaturen selten unter dem Gefrierpunkt liegen, ist eher typisch für die Unwirtlichkeit des Gipfels. Schnee würde ja gemächlich verweilen. So veranstaltet der Berg auf seiner Höhe tosende Wasserspiele. Man hat auch den Eindruck, dass er die Zeit dafür selber bestimmt, denn die Wolken brauen sich in heiterem Himmel zusammen und hinterher strahlt die Szenerie wieder unter kräftigem Blau. Manchmal hüllt er sich wochenlang in Wolkenberge, die er selber aufgebaut hat. Dann mag niemand dort oben sein.

Die Engländerin ließ sich nicht beirren. Das hatte sie mit dem Kommandeur von Jungle Heights gemein. Ich fand mich mit dem Gedanken ab, dass die beiden Amerikaner sie herunter begleiten würden. Ich ließ sie also gehen. Ich hätte sie ohnehin nicht aufhalten können. Sie war determiniert. Sie musste es tun. Wenn Bergsteiger immer so entschlossen in ihrem Leben wären, wie sie auf dem Berg sind! Und dann auch noch so eine „dedicated woman"! Sicher, ich war auch leicht bekleidet. Aber ich wusste, dass ich innerhalb kurzer Zeit hinauf- und wieder hinunter zu steigen in der Lage war. Aber was wusste diese Engländerin?

Wenn ich geglaubt hätte, dies wäre die letzte Überraschung gewesen, so hätte ich mich gründlich geirrt. Ich war nicht mehr weit von der Sayat-Sayat-Hütte entfernt, als mir abermals zwei Gestalten entgegenkamen. Es waren die zwei Japaner. Ebenfalls ohne Guide. Ich hatte keine Erklärung dafür. Ich sprach sie erst gar nicht an. Ich stand gewissermaßen noch unter Schock wegen der Engländerin, die mein ganzes Bergsteiger-Weltbild ins Wanken gebracht hatte.

Die Sayat-Sayat-Hütte war erleuchtet. Ich trat ein und fand drei Guides um ein provisorisches Lagerfeuer sitzen und sich aufwärmen. Sie unterhielten sich und lachten. Als sie mich sahen, begrüßten sie mich gutgelaunt. Es fehlte nur noch der Reisschnaps. Ich fragte Martin, was sie hier machten. Er antwortete:

„We make fire! Outsider cold, you sit down! "

Ich verlor etwas die Fassung.

„Und warum seid ihr nicht bei euren Klienten?"

„It is too dangerous outside!"

Wie bitte? Die coolsten Bergführer der Welt! Lassen einfach ihre Kunden alleine gehen. Er erklärte mir, dass es bei diesem Regen viel zu gefährlich sei, weiter zum Gipfel zu gehen. Ich wurde laut, mit der Absicht sie aufzuscheuchen. Sie sollten sofort aufstehen und sich um ihre Klienten kümmern. Sie rührten sich nur widerwillig! Es war ihnen anzusehen, dass sie mit der Bestimmtheit meiner Worte nicht gerechnet hatten. Vielleicht waren sie auch nur erstaunt über die Forderung, die ich ihnen stellte. Ich war ja nur der Chef, oder besser gesagt der Geldgeber und Auftraggeber von Martin. Ich sagte auch Martin, er solle mitgehen und der Engländerin helfen, es sei unverantwortlich, die Touristen einfach gehen zu lassen etc.

Ich fror beträchtlich, da ich schon wieder eine Minute gestanden hatte. Es gab aber auch keinen Grund, mich ans Feuer zu setzen. Der Abstieg würde, je länger ich wartete, umso schwerer. Das steilste Stück folgte ja noch. Diese faulen Guides! Bringen es glatt fertig, ihre Kunden im Stich zu lassen. Das war unverantwortlich! Unfassbar!

Später erfuhr ich von den Amerikanern, wie es abgelaufen war. Sie waren zusammen mit ihrem und meinem Guide an der Sayat-Sayat-Hütte angekommen. Die Guides hatten gesagt, dass es nicht mehr weiter ging wegen des Wetters. Es sei zu riskant. Man müsste umkehren. Daraufhin sagte der Amerikaner, der mir das nun auch schon wieder augenblinzelnd erzählte, dass der Deutsche doch auch weitergelaufen sei! Und da sie annahmen, dass sie das auch konnten, machten sie sich auf meine Spur und ließen ihren Guide zurück. Die Engländerin hängte sich an sie dran. Sie hatte Sportsgeist. Vielleicht wollte sie auch nicht allein mit den Guides an der Hütte bleiben. Die Japaner kamen etwas später an der Hütte an. Ihr Guide setzte sich zu den zwei anderen Guides, die schon ein Feuer gemacht hatten. Sie dachten nun, das letzte Stück alleine weitergehen zu müssen, wie es ja auch ihre Vorgänger getan hatten. Das machte man so, schlossen sie messerscharf. Ihr Englisch war schlecht und das Englisch ihres Guides noch schlechter, dafür war es um seine Gleichgültigkeit bestens bestellt. Das Ende der Reise sollte nicht an diesem schäbigen Blechverschlag sein! Die Malaysier von Sabah mögen die Japaner nicht. Die Erinnerungen an den Krieg sind noch nicht verblichen. Damals haben sich die Japaner mit ihrem Terrorregime alle Sympathien in Sabah verscherzt. Das wirkt bis heute nach.

Als ich die Leitern erreichte, hatte es schon wieder aufgehört zu regnen. Es war fast wie ein Spuk. Ich erreichte früh am Morgen die Panar Laban-Hütte. Es war klar zu sehen, dass alle, die jetzt auf den Gipfel gingen, blauen Himmel über sich haben würden. Ein seltsamer Berg. Dabei hatte ich seine nicht herausragende, sondern hineinragendste Besonderheit noch gar nicht kennen gelernt. Oben auf dem Gipfel hatte ich keinen Gedanken dafür.

Low's Gully! Unmittelbar hinter dem Gipfel lauerte die Schlucht. So breitflächig das Gipfelplateau auch war, so abgründig war es direkt dahinter. Ich hatte nichts davon gesehen. Noch nichts.

Ich nahm in der Panar Laban-Hütte noch ein Frühstück zu mir, packte meine Sachen zusammen und machte mich an den Abstieg. Sonderbar, dieses Mal hatte es Martin ziemlich eilig. Wieder kamen mir britische Armeeangehörige mit schwerem Gepäck entgegen. War das der Versorgungstrupp? Nein, es waren die gleichen Soldaten vom Vortag. Das bedeutete, dass sie einen Teil ihrer Ausrüstung am Vortag gar nicht ganz nach oben gebracht hatten. Sie hatten es irgendwo unterwegs deponiert. Spätestens von da an beschäftigte mich Jungle Heights 4 wieder. Meine Knie machten sich nach etwa der Hälfte der Strecke deutlich bemerkbar. Ich erreichte mit einigen Schmerzen in den Gelenken der unteren Extremitäten das Hauptquartier. Was mir aber mehr zu schaffen machte, war die Gully Expedition. Das Ganze ging mir nicht aus dem Kopf. Anscheinend jetzt, wo ich tiefer in sauerstoffreiche Niederungen vorstieß, erst recht!

Ich sollte an dieser Stelle vielleicht einmal anmerken, dass sich die langen Auf- und Abstiege bei Bergbesteigungen hervorragend eignen, ungestört gründliche Überlegungen anzustellen. Viele Manager haben das erkannt. Im hektischen Alltag sind die Zeiten, in denen man sich in aller Ruhe einmal Gedanken machen kann, kaum noch vorhanden. Man hetzt von einem Termin zum anderen und die Verpflichtungen müssen abgearbeitet werden. Auf langen Bergwanderungen werden nicht selten folgenreiche Entschlüsse gefasst und Ideen kreiert, die erhebliche Auswirkungen haben können und sozusagen das Flachland verändern. Also, alle, die einmal gründlich über eine Sache nachdenken wollen, sollten in die Berge gehen!

Ich ließ nochmals Revue passieren, was sich bisher ereignet hatte, soweit es mir bekannt war. Ich konnte mir natürlich auch nicht wirklich vorstellen, was die Expedition im Gully erwartete, aber ich konnte mir zumindest vorstellen, was sie im weglosen Dschungel erwartete. Da waren die Chinesen, die weder besondere Fertigkeiten noch körperliche Qualitäten zu besitzen schienen und schon beim Aufstieg an ihre Grenzen gekommen waren. Dann gab es zwei ambitionierte britische Offiziere, die ebenfalls nicht sehr überzeugend auf mich gewirkt hatten. Weder was ihre körperliche Leistungsfähigkeit anbelangte – und im Dschungel wird einem alles abverlangt – noch was ihr Urteilsvermögen betraf. Nur zwei oder drei der übrigen britischen Soldaten strahlten eine gewisse Kompetenz aus. Wen man lange Jahre auf Touren immer wieder die verschiedensten Menschentypen gesehen hat, bekommt man allmählich Erfahrung beim Einschätzen, welcher Menschentyp zu welchen Anforderungen passt. Überraschungen sind dann eher noch die Ausnahme. Ich erinnere mich an einen Bergsteigeraspiranten, der mit seinen Fähigkeiten und Errungenschaften prahlte und dann aber schon in der Ebene stolperte.

Am Berg dann gibt es keine Aufschneidereien mehr. Der Berg bleibt bei Lügen unbeeindruckt. Am Berg würden die britischen Explorer hohe Kompetenz benötigen, und im Dschungel nicht weniger. Ich stellte mir vor, wie schwer es war, sich durch pfadlosen Dschungel mit schwerem Gepäck einen Weg bahnen zu müssen. Ich konnte absehen, was auf sie zukam, da ich schon in vielen Dschungelgebieten unterwegs gewesen war. Nur weil die ehrenhafte britische Armee, die sich in zahllosen Schlachten Respekt verschafft hatte, vor seinen Toren stand, würde der Dschungel nicht freiwillig eine Bresche schlagen! Nichts die Orden- und Loblieder der versammelten Truppe hier wert.

Und dann gab es da noch eine Unbekannte. Low's Gully, eine Schlucht, in der noch nie ein Mensch gewesen war, in der nach der Vorstellung der Eingeborenen die Seelen der Verstorbenen hausten, bewacht von einem Drachen. Unterwegs zum Tor der Hölle waren sie. Und davon wussten sie nichts oder wollten nichts davon wissen. Ich spielte mit dem Gedanken, zum Park Warden zu gehen. Aber das war dann vielleicht doch lächerlich. Wahrscheinlich war, dass ich mich irrte. Wenn es zu schwer wurde, würde der Colonel die Expedition abbrechen und umkehren, fertig! Wo war das Problem? Es gab eigentlich gar keines! Nein, noch nicht!

Ich wollte mich nicht mehr lange am Berg aufhalten. Bergsteiger fliehen geradezu von dem Ort, an dem sie ihr Geschäft verrichtet haben. Auf zu neuen Ufern – oder Steilwänden. Mein nächstes Ziel war die Crocker Range, wo ich die Rafflesia finden wollte. Aber bevor ich abreiste, ging ich nochmals in das Tourist Reception Center und fragte nach einer genaueren Landkarte. Man zeigte mir die üblichen Touristenkarten und dann endlich durfte ich einen Blick werfen auf eine geologische Karte.

Was ich sah, ließ mich erschrecken. Ich benutzte häufig geologische Karten und kenne mich hinreichend mit Geländeformationen aus. Das, was ich sah, hatte ich bisher noch nie gesehen. Ich fragte nach, ob die Briten, die gerade am Berg waren, diese Karte gesehen hätten. Nein, aber es sei anzunehmen, dass sie eine solche Karte besaßen, meinte der Park Ranger. Wer dreimal am Kinabalu eine Militärübung durchgeführt hatte, hatte sicherlich auch vergleichbares Kartenmaterial.

Es war eine Karte mit Maßstab 1:50.000. Im Zentrum lag der Kinabalu, der sich aus einem Dschungelmeer erhob. Auf der Nordseite war unkultiviertes Land, Regenwald, keine Siedlung. Weit verstreut einzelne Kampongs. Dahin sollte die Expedition gehen. Der Penataran floss nach Westen ab. Der Kinabalu bildete mit seinen Felsfluchten ein gewaltiges U, dessen Innenseite, erkennbar durch die dicht aneinander liegenden, sich fast berührenden Höhenlinien, sehr steil abfiel, am steilsten aber in der Mitte. Dort lag Low's Gully. Diese Schlucht zog sich schmal wie ein Riss durch die ganze Mitte des U. So eine merkwürdige Geländeformation hatte ich noch nie gesehen.

Es war klar ersichtlich, dass diese Schlucht gewaltige Ausmaße hatte, nicht in der Breite, sondern in Länge und Tiefe. Aber sofort leuchtete etwas anderes ein, was ich aufgrund meiner jüngsten Erfahrungen auf dem Berg nicht übersehen konnte. In diesen Innenraum des U mussten gewaltige Wassermassen einfließen, wenn es Niederschläge gab. Aber was hieß schon, „wenn" es Niederschläge gab. Es war nur die Frage „wann" und „wie viel". Und „wenn" sie dann kamen, dann war es meistens immer „zu viele".

Das Gipfelplateau, das in so kurzer Zeit unter Wasser gesetzt werden konnte, wie ich es selber erlebt hatte, nahm auf der Karte im Vergleich zum Wassereinzugsbereich der Schlucht einen sehr kleinen Raum ein. Die Wände der Schlucht bildeten oben durch ihr Gefälle ein riesiges Amphitheater und verjüngten sich nach unten in einen Schlund, in dem alles auf Nimmerwiedersehen verschwinden musste. Alles? Das war zumindest zu befürchten. Es war nicht auszudenken, was in der Schlucht geschah, wenn es regnete, nicht nur kurz regnete, sondern lang, stundenlang, tagelang, nächtelang. Wenn Low's Gully der Eingang zur Hölle war, dann war das Feuer in der Hölle sicherlich schon längst erloschen und die Unterwelt unter Wasser, kräftig durchgespült, gestampft, geschliffen und gehobelt. Wer wissen wollte, wie es zu Zeiten der Sintflut war, musste nur da hinabsteigen und abwarten, dass es regnete. Platz für eine Arche gab es in dieser Enge nicht. Es reichte nur zum Ertrinken.

4. Kapitel: Das Suchen beginnt

Ich fuhr weiter in den Crocker Range Nationalpark, einen Höhenzug, der beim Kinabalu beginnt und sich bei einer Breite von ca. zehn Kilometern ungefähr 100 Kilometer nach Süden zieht. Die Crocker Range reichen sodann bis hinunter nach Sarawak, der anderen malaysischen Provinz auf Borneo, wo sie in den Maligan Range weiter fortgesetzt werden. Dabei erreichen sie nicht ganz die 2.000 Meter in der Höhe, bleiben meist deutlich darunter, sodass selbst noch die Höhen von tropischem Regenwald bedeckt sind. Bekannt sind die Crockers vor allem wegen der Rafflesia. Da ich diese größte Blume der Welt am Kinabalu nicht entdeckt hatte, versuchte ich es hier noch einmal.

Um die Suche zu erleichtern oder einzuschränken, je nachdem, gibt es zwischen Kota Kinabalu und Tambunan, einer kleinen Provinzstadt, nicht weit von der Passhöhe, ein Visitor Center. Zunächst richtete ich mich jedoch in Tambunan häuslich ein. Dann fuhr ich mit einem Bus nach Sunsuron, am Fuß der Crockers. Dort wartete ich am Straßenrand auf einen Bus. Lange stand ich dort.

Ich war schon am Überlegen, ob ich die acht Kilometer zu Fuß laufen sollte, als ein Bus anhielt. Erstaunlicherweise war er leer. Es handelte sich um ein ziemlich altes Fahrzeug, dessen Tür nicht richtig schloss. Der Fahrer, ein Malaie um die Fünfzig, fragte mich, wohin ich wollte, dann ließ er mich einsteigen. Er war jedenfalls nicht auf einer öffentlichen Fahrt, was ich spätestens jetzt bemerkte, als ich nichts zahlen musste. Der leere Bus quälte sich die vielen Serpentinen bei mäßigem Gefälle hoch. Ich nahm auch noch zur Kenntnis, dass sich der Fahrer viel Mühe gab, den richtigen Gang einzuschalten, was ihm nicht immer gelang, denn es krachte und knackte im Getriebe. Der Bus benötigt eine Generalüberholung, dachte ich noch.

Das Visitor Center kam in Sicht, ich sagte ihm, dass er hier anhalten sollte. Die Straße war hier nicht sonderlich steil, aber immer noch abschüssig. Er verlangsamte das Tempo, versuchte herunter zu schalten, ich drückte die Tür auf, bedankte mich und sprang aus dem noch leicht rollenden Bus. So war es dem Fahrer möglich, gleich wieder Gas zu geben und hochzuschalten. Ich vermute, dass er genau das auch versuchte.

Ich hatte meine Aufmerksamkeit schon auf das Visitor Center gerichtet, das allem Anschein nach nicht besetzt war. Es gab da ein Office, aber niemand war zu sehen. Hinter mir schnaufte der Bus merkwürdig, der Fahrer bekam den Gang nicht mehr rein. Ich drehte mich um und sah mit Besorgnis, dass der Bus zurückrollte. Zunächst noch langsam. Anscheinend gab es auch noch ein Problem mit den Bremsen. Gut, das von außerhalb feststellen zu können. Der Wagen wurde immer schneller, ich beobachtete wie der Mann hektisch wurde und mit zunehmender Verzweiflung versuchte, den Bus in die richtige Richtung rücklings zu bewegen. Vergeblich! Mit blankem Entsetzen und zugleich ungläubig sah ich, wie der Bus an Fahrt dramatisch gewann, es ging steil bergab! Zuerst den Lenkbewegungen folgend, oder auch entgegen nach links, dann nach rechts rollend, dabei bedrohlich nahe an den Fahrbahnrand kommend.

Zum Glück war die Strecke nicht verkehrsreich. Der Fahrer konnte frei manövrieren, aber was nutzte ihm das ohne Bremsen, er hatte die Wahl zwischen Pest und Cholera. Nach rechts, zur Bergseite hin, würde die Fahrt an der Wand abrupt zum Stillstand kommen, nach links gähnte der Abgrund, dort würde der Bus sich einige mal überschlagen, ehe ihn die Bäume unfreundlich empfangen würden. So oder so, dass es zu einem schlimmen Unfall kommen würde, war unausweichlich. Ich sah es kommen und konnte nichts tun als zuzuschauen. Das tat ich mit geweiteten Augen.

Einen Augenblick lang war mir bewusst, wie banal das Ganze war. Das Ereignis erhielt seine Bedeutung dadurch, dass in dem Bus ein Mensch war. Ein Mensch, der etwas unter allen Umständen verhindern wollte, was er nicht verhindern konnte. Es gelang ihm immerhin im letzten Moment noch einmal das Steuer herumzureißen, kurz bevor der Bus die Böschung hinunterstürzen musste, dafür schoss das Gefährt ungebremst auf die andere Straßenseite und krachte in die Wand. Ich lief sofort hin. Zum Glück und zu meiner Überraschung stieg der Fahrer unverletzt aus. Er stand unter Schock. Auf meine Nachfrage gab er zunächst keine Antwort. Ungläubig starrte er auf das Desaster.

Auf der Bergseite verlief zwischen Bergwand und Straße eine breite, ungefähr einen Meter tiefe, ummauerte Abflussrinne. Diese Vorrichtung ist besonders in den Tropen, wo innerhalb kurzer Zeit viel Wasser vom Himmel und eben dann auch von den Bergen herunterkommen kann, sehr sinnvoll. Anders würde die Straße mit schlammigem Wasser überschwemmt und unterspült. Auf dieser wichtigen Durchgangsstraße hatte man die Kosten nicht gescheut. Ein paar Kilometer weiter unten hatte ich einen Bautrupp gesehen, der mal wieder ein Teilstück der geteerten Straße reparierte und verbreiterte.

In und über dieser Regenrinne hing jetzt der Bus, die vorderen Räder in der Luft, das hintere linke Rad im Graben. Außerdem konnte man erkennen, dass der schon vor dem Unfall ziemlich mitgenommene Wagen schief da hing, als ob er einen Achsenbruch erlitten hätte. Ich sagte dem Mann, der immer noch sprachlos war, wie leid es mir täte. Schließlich hatte er wegen mir angehalten. Wäre er durchgefahren, wäre es nicht zu dem Unfall gekommen. Ich fragte ihn nach den Bremsen, er sagte, deshalb habe er ja den Bus nach Kota Kinabalu fahren wollen, damit er dort überholt würde. Es war sein eigenes Fahrzeug, er betrieb ein

Privatunternehmen. Was er nun machen wollte? Der Bus sei ja wohl ein Totalschaden.

Er blickte mich etwas irritiert an und verneinte. Er und sein „friend", wen immer er mangels sprachlicher Differenzierung auch als Freund bezeichnete, würden ihn wieder herrichten. Das Problem war nur, ihn aus dem Graben herauszubekommen. Ich gab ihm einen Geldbetrag, viel zu hoch für das Fährgeld, viel zu niedrig, um eine Generalüberholung für die Kiste zu finanzieren. Er stand da, mit dem Geld in der Hand und verstand zuerst nicht. Er wollte es nicht einmal. Das qualifizierte ihn erst recht dafür. Ich ließ seine Anständigkeit gelten, nicht seine Zurückweisung.

Ich dachte bei mir, es war gut, dass es zu diesem Unfall gekommen war. Der Bus stellte auch so schon eine Gefahr für andere Verkehrsteilnehmer und potentielle Mitfahrer dar. Jetzt nach dem Unfall musste einiges an dem Bus gemacht werden, damit er wieder fahrtüchtig war. Damit musste der Versuchung, das Unternehmen noch eine Weile „ungebremst" betreiben zu wollen, nicht mehr länger widerstanden werden. Der Unfall führte es mir deutlich vor Augen, zum Fahren benötigt man Bremsen und eine funktionierende Gangschaltung ist auch von Vorteil. Hoffentlich war das auch dem Busfahrer klar geworden.

Ich wünschte ihm alles Gute und ging zum Visitor Center, das tatsächlich geschlossen war. Es hatte nur zwei Stunden am Tag geöffnet. Ich beschloss, die Zeit bis zur Öffnung im nahen Wald zu verbringen. Vielleicht fand ich selber eine Rafflesia. Ich fand keine. Dafür stieß ich auf eine Saw-scaled Viper, eine der giftigsten Schlangen überhaupt. Sie lag mitten auf dem mit fauligem Laub bedeckten dunklen Pfad und war eigentlich vorzüglich getarnt. Warum ich sie gesehen habe, kann ich nur damit beantworten: ich sollte nicht gebissen werden. Ich hatte auf den Boden geblickt und die Umrisse der Schlange ausmachen können. Dieses Verfahren gelingt manchmal. Oft aber auch nicht.

Heute war aber ein günstiger Tag für mich. Was machte es da, dass ich die Rafflesia nicht fand!

Ich musste feststellen, dass an diesem Tag das Information Center nicht besetzt war. Der Busfahrer war verschwunden, sein Bus stand verlassen in dem Graben. Als ich ihn so stehen sah, musste ich an zehn Männer denken, die gerade versuchten, ihren eigenen Karren aus dem Dreck zu ziehen. Ich dachte an die britische Militärexpedition Jungle Heights Nummer sowieso. Dass sie sich da an den „Heights" nicht übernommen hatten! Der Jungle hatte für manchen seine „depths", aus denen man schwer wieder herauskam. Die Variante mit dem Bus war mir neu. Hoch oben an der Passhöhe in einem Graben zu stecken. Das war irgendwie vergleichbar mit den Problemen, die man in Low's Gully haben konnte. Aber beide Problembereiche waren glücklicherweise nicht die meinen. Ich hielt einen Bus an und fuhr wieder hinunter nach Tambunan. Am nächsten Morgen versuchte ich es wieder. Abermals ohne Erfolg.

Der Busfahrer war nicht untätig geblieben. Der havarierte Bus stand immer noch da, jedoch hatte er in mühevoller Arbeit das vordere frei in der Luft hängende Rad mit Balken und Brettern unterlegt. Ich ging zu ihm hin und fragte ihn nach dem Sinn dieser Maßnahme. Als er mich erkannte, ging ein leichtes Lächeln, beinahe beschämt, über sein Gesicht. Er hätte einen Kran gebraucht, den Bus auf die Straße herüber zu hieven. Was nutzte es, das Rad zu unterbauen? Er hörte sich an, was ich ihm sagte und blickte dabei hilflos und fragend. Was sollte er sonst tun?

Ich bin kein Ingenieur, aber es war geradezu ins Auge springend was hier zu tun war. Ich schlug ihm vor, einfach nur das bergabwärts gerichtete Ende des Grabens mit Erde aufzufüllen, dann könnte man den Wagen nach unten über die Erdrampe wieder auf die Straße rollen lassen. Dazu bedurfte es dann nur noch eines geringen Anstoßes und wenig Kraftaufwand. Das einzige Problem war also, den Graben soweit mit Erde zu füllen, aber da sollte er seine Landsleute zwei Kilometer weiter unten um Hilfe bitten. Die hatten eine Planierraupe und einen Lastwagen. Das war das Glück im Unglück. Es war sicherlich machbar, den LKW mit der Erde vom Straßenbau zu füllen, hier rauf zu fahren und in die Mulde zu kippen. An dem LKW könnte man dann im Handumdrehen ein Abschleppseil befestigen, nur um den Bus kurz anzuziehen. Ich würde ihm aber empfehlen, vor der ganzen Aktion wenigstens die Handbremse wieder herzurichten. Das könnte ja sein Freund aus Kota Kinabalu besorgen. Anschließend müsste er die Erde nur über die andere Straßenseite die Böschung hinunterkippen, damit das Wasser wieder ablaufen konnte. Mit dem Geld, das ich ihm gegeben hatte, würde er jedenfalls sicherlich seine Landsleute zur Mithilfe bewegen können. Das konnte ja nicht viel kosten. Er hörte sich das an, nickte zaghaft, ja, warum war ihm das nicht selber eingefallen? Er sagte aber nichts. Würde ein Einheimischer den Rat eines Fremden annehmen?

Ich machte dieses mal einen größeren Ausflug in die umliegenden Wälder und fand tatsächlich auch eine Rafflesia, zumindest dachte ich, dass es von der Größe der verfaulten Pflanzenteile eine sein könnte. Und so lernt man, auch das größte und schönste geht den Weg alles Sterblichen. Und wie schnell doch! Ein paar Tage lang steht die Blume in Blüte und lockt hunderte von gierigen Insekten an, die sich am Nektar berauschen wollen. Geht es nicht jedem im Leben so? Man trachtet unersättlich nach dem, was gut anzuschauen und gut zu kosten ist und dann nimmt es doch alles ein Ende.

Die Insekten, die die Rafflesia besuchen, haben eine Lebensdauer von selten mehr als einem Sommer, die Blume selbst betreibt einen hohen Aufwand, um das Überleben ihrer Art zu sichern. Für ein paar Tage legt sie alles, was sie hat und kann, in die Waagschale, und das alles, obwohl ihr das nicht einmal Spaß macht, wie man es bei den Fortpflanzungspraktiken der Tiere vermuten möchte. Wozu das Ganze? Weil es zum Ganzen dazugehört, und das Ganze folgt einem höheren Zweck. Ihm auf die Spur zu kommen, dürfte eine große Aufgabe für Naturforscher sein. Das Leben wird besonders da intensiv, wo es kurz und spektakulär ist, sagt man. Und gedacht wird das kurz in Fülle sich aufbäumende Leben am Rande des Machbaren von Extremabenteurern und Intensivbergsteigern. Pflanzen und Tieren fehlt dazu das Bewusstsein. Sie haben keinen Selbstzweck. Sie sind Teil einer Schöpfung, die von den Entscheidungen des Menschen abhängt.

Die Rafflesia kann für den Dschungelwanderer eine Warnung sein. Heute ist noch alles wunderbar, man geht in den Dschungel, um Tiere zu beobachten, Pflanzen zu untersuchen, Edelmetalle oder Edelsteine zu finden. Das Interesse ist nach außen gerichtet. Aber wehe dieses Interesse verschwindet ganz, weil man sich auf seinen bloßen Überlebenswillen zu konzentrieren hat, damit man überleben kann. Das kann so schnell gehen, wie eine Blume verblüht. Zuerst kommen die Bienen und Schmetterlinge geflogen, am Ende nur noch die Aasfliege.

Im Jahr 1818 war Sir Stamford Raffles, nach dem die größte Blume der Welt benannt ist, als Gouverneur nach Sumatra berufen worden. Raffles' private Interessen galten den Natur-wissenschaften. Darin war er unersättlich. Er war außerdem ein populäres Mitglied der Royal Society in London. Auf einer seiner Expeditionen durch den Urwald Sumatras machte er eine besondere Entdeckung, die die Botaniker noch lange erstaunen und beschäftigen sollte. Sein damaliger Begleiter, Dr. Arnold, starb kurze Zeit später am Dschungelfieber. Damals waren Reisen in die Tropen noch mit größeren Risiken verbunden als heute.

Rafflesia gibt es nur in Südostasien, genauer gesagt in Sumatra, Java, Malaysia, Borneo und Südthailand. Die Pflanze hat kleine, bräunliche Blätter und rötliche, fleischige Blüten, die faulig riechen. Ihr Durchmesser reicht bei den 17 Arten von wenigen Zentimetern bis zu einem Meter. Die Pflanze lebt Parasitär, bezieht also ihre Nährstoffe nicht aus dem Waldboden, sondern sitzt auf einem anderen Gewächs. Man findet die Rafflesia auf Höhen zwischen 500 und 900 Metern. Sie braucht sehr feuchte und warme Bedingungen, um gedeihen zu können.

Die Rafflesia ist berühmt, aber auch sehr selten. Sie entwickelt sich zehn Monate lang in aller Heimlichkeit und bricht dann innerhalb weniger Tage in ihrer spektakulären Blütenpracht hervor. Wird sie dann von niemand gefunden, der ihren Fundort an andere weitergeben kann, bleibt sie unentdeckt. Daher weiß man auch wenig über ihren Bestand.

Gegen Mittag fiel mir die Orientierung schwer. Ich hatte einige Male Bergbäche überquert. Wenn man in stark hügeligem oder sogar bergigem Gelände unterwegs ist und sich nicht allzu weit vom Ausgangspunkt entfernt, hat man wenige Probleme mit der Orientierung. Als fester Orientierungspunkt dient der Berghang, der nicht mitwandert, der Fluss, der nur in eine Richtung fließt, die Schlucht, die auch noch so daliegt, wenn man sie wieder zurückverfolgt. In Low's Gully gibt es keine Orientierungsproblematik. In seinem Eifer ein bestimmtes Ziel zu verfolgen, hinter einem Tier her zu sein, oder Geräuschen, Spuren, Gerüchen, Lichtspielen nachzugehen, oder bessere Witterungsverhältnisse aufzusuchen, läuft man Gefahr, zu vergessen, sich die Richtung zu merken. Es geht einem dann so wie einem Autofahrer, der am Ziel ankommt und nicht mehr weiß, wie er die letzten zwanzig Kilometer gefahren ist. Wenn man Glück hat. Wenn nicht, bleibt man auf der Strecke!

Es war einigermaßen überraschend, als ich wieder auf den Pfad stieß, dem ich „ansah", dass er mich zum Visitor Center zurückführen würde.

Ich reiste am nächsten Tag weiter nach Tenom, um von dort eine der berühmten Kolonialeisenbahnen nach Beaufort zu nehmen. Der Kreis würde sich dann wieder in Kota Kinabalu schließen. Von dort fuhr ich dann über Ranau in das Regenwaldgebiet von Poring, der Ostseite des Kinabalu und weiter nach Sandakan an der Ostküste Borneos. Das war mein Ausgangspunkt für einen Besuch des Sepilok Research Centers, wo Orang Utan ausgewildert werden, und eine Tour zu einem Dschungelcamp am Kinabatangan. Man hätte es auch Morast-Camp nennen können.

Das Camp gehörte einem Lodge-Besitzer, dessen Leidenschaft das Kochen und das anschließende Schlemmen war, daher hatte er sich nicht sehr um die Immobilie im Mangrovenurwald gekümmert, von der ich mir nicht sicher war, ob sie ihm überhaupt gehörte. Die Gegend war sehr abgelegen und man sah über zig Kilometer am Fluss entlang keine Siedlungen. Irgendwann wird man hier nach Öl bohren, dann ist es vorbei mit der schlammigen Idylle.

Ich genoss es, auf einem Ruderboot alleine auf einem stillen Urwaldsee zu liegen oder den Ottern bei ihren munteren, familiären Unternehmungen zuzuschauen. Als ich fühlte, dass ich wieder etwas unternehmen müsste, fing es an zu regnen. Das waren nur lokale Entladungen, die bald wieder verschwinden konnten, aber das Festland noch unpassierbarer machten. Als ich davon genug hatte, reiste ich zurück nach Kota Kinabalu. Am Kinabatangan wurde ich wegen des Regens und der zunehmenden Verschlammung zwangsläufig an Low's Gully erinnert. Irgendwie hatte ich kein gutes Gefühl.

In Kota Kinabalu strahlte der Himmel blau. Ich quartierte mich in einem billigen chinesischen Hotel ein und ging in ein Restaurant. Ich hätte in sonst ein Restaurant gehen können, aber das beliebige, das ich gewählt hatte, war genau das beliebige, das an diesem Tag auch einige andere Gäste aussuchen sollten. Kota

Kinabalu ist eine kleine Stadt und am Ende landet man doch wieder an den wenigen bevorzugten Lokalitäten. Ich setzte mich an einen Tisch mit zwei amerikanischen Travellern. Wir kamen ins Gespräch.

Sie waren in Sarawak und Brunei unterwegs gewesen, waren an Felsen geklettert, darunter auch in der Mulu Cave, einer der größten Höhlen der Welt. Jetzt hatten sie noch den Kinabalu auf dem Reiseplan. Sie hatten bereits in Erfahrung gebracht, dass sich der Kinabalu aus verschiedenen Gründen nicht als Kletterparadies eignete, vor allem wegen der unaufhörlichen Feuchtigkeit, aber wenigstens hochsteigen wollten sie den höchsten Berg Borneos und Südostasiens doch. Aber nun hatte sich einer der beiden die Malaria eingefangen und wollte nach Singapur aufbrechen, zurück nach Hause.

Ich erzählte von meinen Kinabalu-Erfahrungen. Die beiden wussten, dass das Gipfelplateau auf allen Seiten steil abfiel. Hier gab es viele Herausforderungen für Kletterer. Sie hatten jedoch nicht fest damit gerechnet, sich dort klettertechnisch zu beschäftigen, obwohl der Gedanke nicht sehr fern lag, wenn man schon einmal im malaysischen Teil von Borneo war! Man hatte am Kinabalu über sich den Gipfel und unter sich das Wipfelmeer des Dschungels. Das ist einmal etwas ganz anderes für europäische oder amerikanische Freizeitsportler!

Ich konnte es mir nicht verkneifen, ich fragte sie, ob sie sich auch am schwierigsten, was der Kinabalu zu bieten hatte, versuchen würden. Sie wussten nicht was ich meinte. Low's Gully!

„Was hat es mit diesem Gully auf sich?" fragte Dave und fast schien es mir so, als hätte ich da einen Unterton Geringschätzung vernommen.

„Keine Ahnung. Ich war selbst nicht dort!" spielte ich auf Understatement. Ließ aber nur zu gerne die Katze aus dem Sack:

„Ich war nur auf dem Gipfel. Aber hinter diesem Gipfel ist diese unergründliche Schlucht. Und eine britische Armeeexpedition versucht sich gerade dort. Sie will die Schlucht bezwingen. Aber nicht von unten nach oben, sondern umgekehrt! Und so wie ich gehört habe, hat es noch nie jemand geschafft, dort hinunterzusteigen. Zu schwierig, zu lang, zu nass... Man weiß nicht, was einen dort erwartet. Das ist noch nie betretenes Terrain!"

Lex hörte jetzt genauer zu.

„Du meinst da ist noch keiner runter geklettert? Und rauf auch nicht?"

Ja, das meinte ich. Ich zeichnete auf eine Serviette die Besonderheit der Örtlichkeit auf. Ich sah in Lex` Augen, dass sein Interesse geweckt war. Er rückte mit seinem Stuhl näher und betrachtete die Serviette. Sein Gesichtsausdruck war ein anderer geworden. Was ging jetzt in seinem Kopf vor? Er ließ es mich nach einigem Überlegen wissen. „Ich werde mir diese Schlucht ansehen!" Das klang nicht besonders spektakulär, aber eine gewisse Entschlossenheit war herauszuhören. „Ansehen" kostete ja nichts. Ich sagte ihm, dass es in Kota Kinabalu das Büro des Parks gab, wo man Informationen einholen könnte. Das wusste er bereits. Er hatte ohnehin vorgehabt, am nächsten Morgen hinzugehen.

„Es gibt da aber noch was! Diese britische Expedition...." Ich machte eine Atempause, um mich zu versichern, dass ich die ungeteilte Aufmerksamkeit der beiden hatte.

"... diese britische Armeeexpedition scheint mir etwas unterfordert zu sein. Gut möglich, dass die in Schwierigkeiten kommen."

Lex ging gar nicht darauf ein.

„Du bist geklettert am Kinabalu!"

„Bei sehr schlechten Bedingungen! Kann man nicht als Klettern bezeichnen. Aufstieg auf dem Normalweg. Oben gibt es Fixseile, die sind so dick wie mein Unterarm."

„Bist du schon mal geklettert?"

„In den Alpen!"

„Mh. Hast du Kletterzeug?"

„Nein. Ich bin nicht zum Klettern nach Borneo gekommen."

„Sondern?"

„Dschungel!"

„Mh, verstehe!"

Ich erzählte ein wenig vom Kinabatang. Sie hörten zu. Mitten drin fragte mich Lex nach meinen bisherigen Bergerfahrungen. Ich ging eher etwas lustlos und widerwillig darauf ein, vielleicht auch, weil es wenig zu erzählen gab. Er scherzte, dass ich nach mehr Erfahrung aussähe. Kunststück, der Mann aus Kentucky war vielleicht Mitte Zwanzig, das lag bei mir schon eine halbe Ewigkeit zurück.

Lex fragte mich, ob ich mir vorstellen könnte, Daves Platz einzunehmen.

„Bei was?!"

„Mir zu helfen, die Schlucht aus der Nähe anzuschauen! Das ist, meine ich, eine spannende Geschichte. Die Einheimischen verstehen nichts vom Bergsteigen. Die britische Armee auch nicht. Es wird Zeit, dass wir uns diesen merkwürdigen Ort etwas genauer ansehen. Du sagtest ja, dass du ihn auch noch nicht kennst. Reizt dich das nicht? Du kannst doch klettern!"

Was für eine Frage! Ich fühlte mich mehr als nur ein bisschen unwohl bei dem Gedanken, mich diesem Ort, den niemand mögen konnte, zu nähern. Aber andererseits hatte Lex Recht. Das Angebot war irgendwie verlockend. Jetzt, da er es sagte, hatte er irgendetwas in mir angestupft, was ich selber behütet hätte, wie ein rohes Ei. Das ist aber nicht so selten, dass man von jemandem zu etwas herausgefordert wird, was man selber schön brav auf sich beruhen lassen würde. Eine Sache muss reifen, bevor sie ausbricht. Wenn sie aber ausbricht, gibt es kaum noch ein Halten. Da wird man fiebrig und nervös und läuft zur Hochspannung an. Hier mit Lex war ein Fachmann fürs Klettern zur Hand. Das versprach ein kontrollierbares Abenteuer. Und das wollte ich sicherstellen, dass es nichts Unüberlegtes werden würde.

Ich warnte Lex erst einmal, dass ich zwar bergsteigerische Erfahrung hätte, aber ich wohl noch nicht einmal ein mittelmäßiger Emporkömmling sei.

„Fürs Abschauen wird es ja wohl reichen!" feixte Lex. Er hatte mich geschickt in die Enge getrieben. Er fragte mich, im wievielten Grad ich schon geklettert sei. Das machte mich etwas verlegen, weil ich wusste, dass das richtige Klettern beim Schwierigkeitsgrad 6 anfängt und ich war über den fünften Grad nicht hinausgekommen. Allerdings hatte ich mich nie aufs Sportklettern konzentriert und mir von einem sagen lassen, dass ich ein „typischer Sechser" wäre. Vermutlich meinte er damit, dass bei sechs Schuss wäre, auch wenn ich mich anstrengen würde. Aber es spielte keine Rolle für mich, da meine Unternehmungen am Berg keine hochgradigen Fähigkeiten verlangten.

„Ich bin kein Kletterer und ein Bergsteiger auch nur deshalb, weil ich auf Berge hochsteige!"

Lex kommentierte das nicht weiter, er sagte aber, wer nicht klettern kann, sollte wenigstens das Absteigen beherrschen. Dann könne nämlich nie wirklich was passieren. Außer man stieg in eine Schlucht und musste dann wieder zurück steigen, oder zurückklettern. Genau da lag vielleicht der Hase im Pfeffer für jede Expedition, die sich an Low's Gully versuchte.

Lex blickte mich fragend an. Beim Top rope Klettern, seilte man sich nicht ab, sondern man ließ sich einfach nur am Seil herunter. Es war also theoretisch möglich, dass jemand im Schwierigkeitsgrad 6 mit der Absicherung über Top rope kletterte, aber nicht viel über das Abseilen wusste, weil man das ja dann nicht brauchte. Diesbezüglich konnte ich meinen künftigen Seilpartner beruhigen.

Ich sagte aber, dass ich nur dann nochmal zum Kinabalu zurück gehen würde, wenn es für ihn kein Problem wäre, wenn ich jederzeit aussteigen würde. Er sagte, das sei kein Problem, wir wollten nur ein bisschen Spaß haben. Wenn wir gewusst hätten, was für ein Spaß da auf uns zukommen sollte!

Ich bemerkte scherzhaft mit gespieltem Ernst, was mir einer der britischen Soldaten über Neill erzählt hatte. Man könnte in fünf Minuten das Abseilen erlernen. Und über die fünf Minuten wäre ich schon. Dave, mit einer plötzlichen Anwandlung von Lebhaftigkeit, hielt mir daraufhin einen Vortrag, dass es zwischen Abseilen und Abseilen einen Riesenunterschied gab. Wenn Zeit eine wichtige Rolle spielte, genügte es nicht, sich ein oder zwei Mal abgeseilt zu haben. Richtiges Abseilen sei eine Fähigkeit, die man über viel Training erwirbt, ehe man sie meisterlich beherrscht. Bei einem Unternehmen, dass eine perfekte Technik verlangte, die es einem ermöglichte, schnell und sicher abzuseilen, könne das Gelingen von diesem einen Faktor abhängen.

Als er das sagte, erinnerte ich mich nur zu deutlich an die Abseilübungen und die Schwierigkeiten, die die chinesischen Teilnehmer der Gruppe gehabt hatten. Ich gab Dave zur Antwort, dass ich dem, was er sagte nur zustimmen könnte. Es sei nachvollziehbar und logisch und ohne Zweifel erwiesenermaßen überprüft. Natürlich war ich nicht in der Lage, den Platz von Dave einzunehmen. Anscheinend war es genau das, was dieser Dave dachte. Aber hier ging es um etwas ganz anderes. Es ging um ein neues Team mit einer neuen Aufgabe. Oder besser gesagt, ein neues Unternehmen, von dem wir noch gar keinen Plan hatten, außer hinzugehen und es zu tun.

Dave sagte ungeachtet dessen seinem Partner genau das, was ich Lex ohnehin noch einmal vorschlagen wollte, denn ich bezweifelte, dass er mit mir im Team Spaß haben würde. Ich sollte zwar Recht behalten, aber, dass wir wenig Spaß haben würde, lag gar nicht an mir, sondern den Umständen. Dave sagte, Lex solle diese Schlucht vergessen ohne geeigneten Partner.

Er hatte ja nicht Unrecht! Ich bemerkte lakonisch, um etwas Schärfe aus der misslichen, leicht peinlichen Situation zu nehmen, dass es wohl am besten wäre, wenn wir die Briten, die hinuntergestiegen waren, fragten, ob es der Mühe wert war. Insgeheim war ich mir darüber im Klaren, dass wir nie und nimmer da ganz herunter steigen würden. Aber einige Seillängen abseilen, das müsste zu machen sein. Genau das sagte ich auch Lex. Er solle nicht zu viel erwarten.

Aber was die Briten anging, die mussten inzwischen schon längst über alle Berge sein. Es war der 10.3. und die Gruppe war am 23.2. eingestiegen. Sie hatten gesagt, dass sie 10 Tagesrationen dabei hatten.

Ich ergänzte, dass ich für Morgen geplant hatte, einen Ausflug auf eine der Inseln des Tunku Abdu Rahman National Parks zu unternehmen. Ich wollte mich frühmorgens auf der einen Seite der unbewohnten Insel absetzen und mich am Abend auf der anderen Seite wieder abholen lassen. Dazwischen lag eine Dschungeldurchquerung. Eine Art Vorbereitung auf Low's Gully.

„Und was machst du, wenn du nicht abgeholt wirst?"

„Schwimme ich auf die Nachbarinsel, die ist zwar auch nicht bewohnt, aber dorthin fahren öfters Boote."

Er wünschte mir viel Glück. Er würde das Büro der Parkbehörde aufsuchen und Dave zum Flughafen bringen. Ich könnte es mir ja noch mal überlegen.

Wir verabredeten uns für den Abend im gleichen Restaurant. Falls ich nicht kommen würde, würde er wissen, dass man mich noch auf der Insel abholen müsste. Ich sollte auf keinen Fall den Bootsführer vorher bezahlen.

Das tat ich dann auch nicht. Ich hatte mir eine Maske und Flossen ausgeliehen, etwas Proviant beschafft und drei Liter Wasser. Es stellte sich heraus, dass das sehr knapp bemessen war, denn es war heiß. Es war sehr heiß, viel heißer als in Kota Kinabalu, wo immer eine leichte Brise vom Meer her geweht hatte.

Im Innern der Insel war es schwül. Dort stand die Luft und drückte. Der Pfad durch die Insel war teilweise zugewachsen. Es war schon lange niemand mehr hier gegangen. Ich musste mich deshalb durch dorniges Gestrüpp durcharbeiten. Es gab keine Urwaldriesen, denn die Feuchtigkeit hatte für größere Gewächse offenbar nicht ausgereicht. Der Bewuchs war zwar dicht, aber es fehlte die Vielfalt der Arten und es gab kaum Epiphyten, die immer hohe Luftfeuchtigkeit anzeigen. Es gab auch keinen Moosteppich oder andere Anzeichen eines durchtränkten Feuchtgebietes, das dem Aufenthalt in einem Regenwald immer eine einigermaßen behagliche Note gibt, im Gegensatz zu den subtropischen Trockenwäldern.

Es mangelte auf der Insel sogar an Schatten und das gefiel mir am wenigsten. Es gab nur Stellen, die nicht ganztägig vom Licht abgeschirmt blieben. Es war ein Halbschattenwald, der nicht wirklich Kühlung bot. So wurde die Durchquerung der Insel eine mühselige und schweißtreibende Angelegenheit und ich war froh als ich endlich die Küste auf der Westseite erreicht hatte.

Die nächsten Stunden waren für das Tauchen reserviert. Das Wasser war hier so seicht, dass es mir beinahe zu warm vorkam. Ich stattete auch der Nachbarinsel einen Besuch ab. Hinüberzuschwimmen war ein Leichtes. Dort kamen am Nachmittag Ausflügler aus Kota Kinabalu mit ihren Motorbooten an. Sie machten etwas Lärm, picknickten und störten mich nicht weiter. Keiner von ihnen tauchte. Am späten Nachmittag war ich zum verabredeten Zeitpunkt wieder auf meiner Insel.

Aber mein Boot kam nicht. Weit und breit war nichts davon zu sehen. Ich hatte so etwas schon einmal erlebt mit beinahe fatalen Folgen. Es war in Sri Lanka. Dort hatte ich mich auf ein Korallenriff bringen lassen. Gegen Nachmittag wurde die See schwerer und die Felsen boten keinen Halt mehr. Ich wurde durch die Wellen hin und her geworfen und erlitt etliche Schürfwunden. Ich beschloss, zum Ufer zu schwimmen, das zwischen einem und zwei Kilometern weit weg war. Jedoch gab es tückische Strömungen und irgendwann kam ich überhaupt nicht mehr vom Fleck. Die Wellen schlugen hoch. Dass mich ein Bootsfahrer des einzigen Bootes, das vorbei kam, entdeckte, war nicht selbstverständlich, denn ich war zwischen den Wellenkämmen auf die Entfernung nur schwer auszumachen. Der Bootsführer, der mich abholen sollte, hatte mich vergessen. Und dieses Mal schien es wieder so zu sein.

Aber es war nicht weiter schlimm, denn ich konnte zur Not auf der Insel übernachten. Ich würde am Strand schlafen. Gegen die Moskitos, die es im Wald reichlich gab, wünschte ich mir den

Wind am Strand als Schutz. Da fiel mir Dave ein. Er hatte seine Reise wegen Malaria abbrechen müssen. Ich hatte scherzhaft zu ihm gesagt, dass es nicht die gefährliche Art der Malaria wäre, da er dann längst tot wäre. Manche Reisenden verfolgen unverdrossen ihre Reisepläne und lassen sich von Malariaanfällen nicht davon abhalten. Die vernünftigere und sicherere Verhaltensweise ist aber doch rechtzeitig fachärztliche Behandlung zu suchen.

Als ich mich schon auf eine Übernachtung à la Robinson einstellte, ging mir die Verabredung mit Lex durch den Kopf. Ich war gewohnt meine Verabredungen einzuhalten. Auf der Nachbarinsel gab es noch eine kleine Reisegruppe. Nachdem sie abgeholt worden wäre, gäbe es keine Möglichkeit mehr für mich, an diesem Tag noch zurückzukehren. Ich wartete, doch nach einer dreiviertel Stunde war mein Boot noch immer nicht da, obwohl ich dem Bootsführer eingebläut hatte, pünktlich zu sein!

Endlich kam ein Boot, aber es fuhr wieder zur Nachbarinsel. Die Ausflügler stiegen alle ein, dann legte es ab und nahm Fahrt auf. Gleich würde ich der Herr des Tunku Abdul Rahman National Parks sein, Herr über eintausend Schildkröten und einhunderttausend Aquariumfischen und eine Million Moskitos.

Es geschah etwas Unerwartetes, das Boot fuhr zu mir herüber, der Steuermann rief herüber, ob er mich mitnehmen sollte. Er hatte meine Verlorenheit bemerkt. Da stand eben einer am Strand rum wie bestellt und nicht abgeholt! Ich sagte kurzerhand zu. Ich stieg ein und wir fuhren los. Wir waren noch nicht lange gefahren, als uns ein anderes Boot entgegenkam. Es war das Boot, das ich gemietet hatte.

Die beiden gingen längsseits, die Kapitäne stritten sich lautstark. Ich mischte mich ein und fragte den Spätankömmling, warum er glaubte, sich nicht an die Vereinbarung halten zu müssen. Er sei zu spät. Er entschuldigte sich nicht, sondern erklärte, er hätte unterwegs noch unplanmäßig andere Leute auf einer anderen Insel abholen müssen. Ich wollte sitzen bleiben, wo ich war, aber anscheinend gab es da eine Abmachung dieser Ausflugsbootsführer.

Trotz dieser Episode und der Verspätung kam ich also doch noch zu meiner Verabredung mit Lex. Er hatte Neuigkeiten. Er sagte mir, jetzt sei er entschlossen, sich Low's Gully genauer anzusehen. Er hatte beim Parkbüro auch nach der britischen Expedition nachgefragt. Dort wusste man nichts von ihnen.

„Was heißt das?" fragte ich.

„Haben die sich nicht zurückgemeldet?"

Bedeutete das etwa, dass sie noch nicht zurück waren? Wir schauten uns betroffen an. Wir hatten den Zwölften des Monats. Wo trieben die sich so lange herum? Aber vielleicht hatten sie sich nur nicht wieder gemeldet. Warum sollte sich eine britische Militärexpedition bei irgendjemand von den alten Kolonieuntertanen abmelden? Schlimm genug, dass man solche Expeditionen anmelden musste!

Lex versuchte erneut, mich zu überreden, ihn zum Kinabalu zu begleiten, da er wohl bemerkt hatte, dass mein Enthusiasmus noch nicht wirklich entflammt war. Tatsächlich waren mir Zweifel gekommen. Ich hatte den Staub vom Kinabalu schon von meinen Schuhen abgestreift. Warum eine alte Sache neu aufwärmen?! Ich hatte ihm zwar keine endgültige Zusage gegeben, aber nun tat es mir doch beinahe wieder leid, als ich ihm gutes Gelingen wünschte und ihm riet, Vorsicht walten zu lassen. Alleine war er natürlich stark eingeschränkt in seinen Möglichkeiten, keiner würde ihn absichern, das müsste er selber übernehmen und dadurch war sein Aktionsradius eingeschränkt.

Ich verabschiedete mich und begab mich in mein Hotelzimmer. Ich duschte ausgiebig und las dann noch gemütlich in meinem Bett liegend, obwohl ich müde war, als es klopfte. Es war Lex. Ich war nicht wenig überrascht. War ihm noch irgendein Argument eingefallen? Was wollte er mit mir als Anfänger anfangen?

Es war spät. Was er mir berichtete, vertrieb allerdings meine Müdigkeit. Er war noch eine Weile im Restaurant geblieben, als plötzlich noch ein Traveller hereinkam. Der sah sehr müde und mitgenommen aus. Er sprach ihn an. Es stellte sich heraus, dass es einer der Mitglieder der britischen Expedition war. Er hatte davon berichtet, dass sie heute erst zurückgekehrt seien. Aber nicht alle! Im Verlauf der Expedition wäre das Team in drei Gruppen zerfallen, und sie wüssten nur, dass es zwei Gruppen geschafft hatten, die Dörfer im Dschungel westlich vom Kinabalu zu erreichen. Eine Gruppe sei unterwegs noch beim Abstieg umgekehrt, aber sie wüssten nicht, wo sie seien, denn im Traveller's Rest, der Lodge, in der sie untergebracht waren, seien nur insgesamt fünf Mann angekommen.

Lex hatte den Soldat über die Beschaffenheit von Low's Gully befragt. Er hatte gesagt, dass alles gut gegangen sei, solange man abseilte, bis man am engsten Teil der Schlucht war, dann hätten die Schwierigkeiten angefangen, eine endlose Aneinanderreihung von Wasserfällen. Sie seien dann irgendwann seitlich ausgebrochen und hätten sich querfeldein durch den Dschungel geschlagen. Lex sagte, der Mann sah ziemlich fertig aus. Er hätte keine Lust auf Dschungel, aber bis zur Schlucht, wo sie sich verengt, herunter zu klettern und wieder zurück, das wäre doch auch etwas für mich.

„Wie, die anderen sind noch nicht zurück? Sie sind umgekehrt? Wann haben sie sich von den anderen getrennt?"

„Keine Ahnung. Er sagte, die Offiziere mit den Chinesen waren zu langsam. Deshalb sind die anderen voraus gegangen." Er lachte und fügte hinzu. „The devil takes the hindmost." Das könnte man so übersetzen: Wer zu langsam ist, den beißen die Schluchtenhunde!"

„Ja, aber manchmal werden auch die bestraft, die zu schnell sind!"

Das hätte ich gerne noch genauer gewusst. Ich erinnerte mich daran, was ich mit den Expeditionsmitgliedern besprochen hatte. Und was ich selber beobachtet hatte, ergänzte es. Die Chinesen hatten schon beim Aufstieg nach Panar Laban und bei den Abseilübungen keine gute Figur gemacht. In der Schlucht waren die Anforderungen viel größer, auch wenn es abwärts ging. Durch die Gruppentrennung war diese Annahme objektiv bestätigt. Eine Frage beschäftigte mich noch.

„Woher wissen die fünf, die zurück sind, dass die anderen umgekehrt sind? Immerhin sind sie ja noch nicht da!"

„Weil es einfach viel zu schwierig wurde, nehme ich an. Sie hatten die Wasserfälle nur mit Mühe und Not geschafft. Da die anderen schwächere Kletterer waren, waren sie dazu nicht in der Lage. Also blieb nur der Rückzug."

Und dann stand man plötzlich vor einem ganz anderen Problem. Würde man da, wo man so schnell abseilte, auch schnell wieder hochklettern können? Sicherlich nicht! Dass die anderen überhaupt hochgeklettert waren, das schienen mehr die Schlussfolgerungen derjenigen zu sein, die voraus gegangen waren. Andererseits hätten die verantwortungsbewussten Offiziere, die in der zweiten Gruppe waren, diese Entscheidungen treffen müssen. Nur, hatten sie sich nicht schon vor dem Einstieg in die Schlucht etwas zu optimistisch präsentiert? Würden sie im Angesicht der objektiven Gefahren und Schwierigkeiten nicht klein beigeben müssen?

Es war jedenfalls nach Stand der Dinge jetzt damit zu rechnen, dass die noch vermissten Expeditionsmitglieder irgendwo in der Schlucht feststeckten. Und auf einmal nahm die eigene Unternehmung von Lex ein ganz anderes Format an.

Er sprach das Offensichtliche und Unvermeidbare an. Wenn wir oben einsteigen würden, müssten uns die anderen irgendwann entgegenkommen. Irgendwann müssten wir auf sie stoßen, wenn wir nicht vorher umkehrten. Mir war es klar, jetzt konnte ich nicht mehr nein sagen. Vielleicht gab es weit und breit keine Leute, die in der Lage waren, in die Schlucht einzusteigen. Lex hatte das Können und das Material und mit mir hatte er einen Einäugigen, eine unbekannte Größe an der Seite. Vielleicht konnten wir uns nützlich erweisen. So oder anders, es war ein Abenteuer, welches da lag und nur noch aufgehoben werden musste. Es war als würde man aufbrechen, um einen Schatz zu heben, von dem vorher noch niemand etwas gewusst hatte. Eigentlich ein Traum: Teilnahme an einer Rettungsmission, oder zumindest konnte man es sich so gedanklich zurecht legen.

Lex fragte mich folgerichtig, ob es mich nicht reizen würde, den übrigen Expeditionsteilnehmern, die vermutlich gerade noch dabei waren, die Schlucht nach oben hin zu verlassen, entgegen zu gehen. Andererseits, wenn sie sich frühzeitig getrennt hatten und es sicher war, dass sie umgekehrt waren, warum waren sie dann noch nicht zurück?

„The weather!" sagte ich und „The rain!" Ich erklärte Lex, dass es sicherlich geregnet hatte, und das Restteam dadurch allenfalls langsam vorwärts gekommen wäre. Aber vielleicht waren sie doch entmutigt und entkräftet stecken geblieben. Die britische Armee mit ihrem Latein am Ende und keine Gurkhas oder Germans, die die Kohlen aus dem Feuer holten. Leider war ich auch kein experienced German safeguard!

Es gab noch etliche Unwägbarkeiten. Es war gar nicht so einfach bei der Aufregung, alles gescheit zu bedenken.

„Moment Lex, wir haben jetzt den Zwölften. Ich weiß nicht genau, wann die in die Schlucht hineingeklettert sind. Hat der Soldat gesagt, wie viele Tage sie unterwegs waren?"

„Nein, er sagte, sie hätten einige Tage nichts mehr zu essen gehabt. So sah er auch aus!"

„Sie hatten zehn Tagesrationen. Wenn der Proviant zur Neige geht und das Ziel lange nicht in Sicht ist, streckt man normalerweise den Proviant. Wenn der Soldat sagte einige Tage, dann muss man das britische Understatement mit einberechnen..."

„Der sah nicht so aus, als würde er auf Understatement machen!"

 Mir ging auf, dass meine Kalkulation zu nichts führte, da ich nicht den Beginn der Expedition kannte. Ich war am 23.2. vom Berg heruntergestiegen. Irgendwann danach war die Expedition eingestiegen. Aber wann? Was, wenn sie noch weitere Abseilübungen gemacht hatten? Sie hätten, um die Chinesen noch fitter zu machen, drei Tage üben können. Aber dann hätten sie sich von der Kantine der Panar Laban Hütte ernähren müssen. Das war nicht mit einberechnet. Das sah ihr Plan nicht vor. Wenn sie also am gleichen Tag, an dem ich vom Berg herunter gestiegen war, in die Schlucht eingestiegen waren, waren es jetzt schon achtzehn Tage, acht mehr als die ursprünglich geplanten. Bedeutete das dann nicht etliche Tage ohne Nahrung? Dann good night, old England!

„Wann sind die Soldaten hier angekommen?"

„Heute Nachmittag"

„Und sie haben sich schon nach dem Verbleib der anderen erkundigt? Vielleicht sind die anderen zurück. Ihr Aufenthaltsort ist nur nicht bekannt."

„Oder sie haben technische Schwierigkeiten in der Schlucht. Abseilen ist die eine Sache, zurückklettern eine andere. Ich glaube sie sind noch drin und wir könnten ihnen heraushelfen, wenn wir Glück haben!" Habe ich dich jetzt? Stand in seinen Augen geschrieben.

„Du wirst mir heraushelfen müssen, da kannst du dich nicht noch um andere kümmern!"

„Du gehst also mit!" Konnte es sein, dass Lex eine falsche Vorstellung von mir hatte? Erlag er gerade einem Wunschdenken?

Ich schlug vor, am nächsten Morgen die offenen Fragen zu klären. Wir müssten die britischen Soldaten im Traveller's Nest befragen.

Als Lex weg war, erinnerte mich meine Müdigkeit daran, dass ich eigentlich schlafen wollte. Dennoch ging mir das Ganze noch einige Male durch den Kopf. Das war doch alles sehr merkwürdig. Es war gut zu wissen, dass es die eine Hälfte der Expedition geschafft hatte. Nur wie! Aber es war beunruhigend, zu wissen, dass die anderen noch vermisst waren. Das ließ nichts Gutes erhoffen! Sie hatten keine Nachricht hinterlassen, also waren sie auch noch nicht zurück. Aber vielleicht hatten sie das, die anderen hatten die Nachricht nur noch nicht abgeholt. Warum war nur der eine Soldat ins Restaurant gekommen? Nach so einem Erlebnis bleibt man doch zusammen? Sicherlich waren die anderen so abgeschlagen und müde, dass sie in ihren Betten lagen. Ich wusste, wie man sich nach mehrtägigen anstrengenden Expeditionen durch den Urwald fühlt. Lust auf weitere Unternehmungen hat man, jedenfalls gleich im Anschluss, nicht.

Als ich versuchte, das ganze unvollständige Durcheinander zu ordnen, musste ich an einen entfernt ähnlichen Fall aus der Geschichte des Bergsteigens denken. Da hatte es auch am Berg ungleich starke Teams gegeben und beim ersten Team war eine Umkehr nicht möglich. Das war am Nanga Parbat im Himalaya.

Reinhold Messner und sein Bruder Günther waren bis zum Gipfel hochgestiegen, waren aber nicht mehr imstande die steile Wand, die sie hochgestiegen waren, wieder herabzusteigen. Sie mussten einen Notabstieg über eine andere Route wählen, bei der Günther ums Leben kam, während Reinhold mit knapper Not auf der anderen Seite des Berges durchkam. Die übrigen Mannschaftsmitglieder waren, im Glauben, dass mit den beiden nicht mehr zu rechnen war, einfach abgereist, nachdem ein weiteres Team den Gipfel erklommen hatte. Verständigungs- und Abspracheschwierigkeiten hatten vorher schon zwischen den Teams und der Führung für Missverständnisse gesorgt, die später zu völlig unterschiedlichen Darstellungen der Vorkommnisse beitrugen. Und das, obwohl alles „Ehrenmänner" waren. Der große Messner stellte es anders dar als der Rest des Expeditionsteams. Er war derjenige, der seinen Bruder und beinahe sein eigenes Leben verloren hatte. Er war derjenige, der ehrgeizig an eine Gipfelüberschreitung gedacht hatte und sie dann auch, aus der Not geboren, durchführte. Er war derjenige, der seinen Eltern erklären musste, warum er den jüngeren Bruder nicht zurückgebracht hatte. Und er vermochte noch nicht einmal sicher zu sagen, wie er ums Leben gekommen war. Er war derjenige, der von Einheimischen halbtot im Tal aufgelesen und wieder aufgepäppelt worden war. Schließlich wurde er von den übrigen Expeditionsmitgliedern wieder in Empfang genommen, mit der auf eine gewisse Verwirrtheit hinweisenden Frage an sie, wo sein Bruder sei, obwohl dieser doch mit ihm die Überschreitung gemacht hatte und ganz gewiss nicht auf der gleichen Seite wieder abgestiegen sein konnte, wo die beiden hochgestiegen waren und wo die Expedition ihr Lager hatte. Wenn der Körper ausgezehrt ist und große psychische Strapazen über sich ergehen lassen musste, fängt der Mensch an, die Wirklichkeit nicht mehr wahrzunehmen oder die Erinnerung zu ändern, quasi aus

Selbstschutz und Fortsetzung des Bemühens, zu überleben und weiter „Ich" sein zu können.

Wer stellt nicht sein Ich über das Ich anderer, wenn es ums Überleben geht? Wer es auch im normalen Leben tut, wenn es noch gar nicht ums Überleben geht, wird als Egoist bezeichnet. Eine übersteigerte Selbstwahrnehmung lässt auf einen Egomanen schließen, der auch im „Normalzustand" die Wirklichkeit umdeutet.

Ich habe Reinhold Messner persönlich kennengelernt. Er ist ein netter Mensch. Er macht nicht den Eindruck, ein großer Egoist zu sein, eher strahlt er eine gewisse Demut aus. Mit dem Alter kommt hoffentlich bei jedem die Weisheit. Es gibt aber Lasten, die nimmt man mit ins Grab.

Am nächsten Morgen war ich etwas verärgert, da Lex so lange auf sich warten ließ. Doch dann gingen wir gemeinsam zum Traveller's Rest. Es stellte sich heraus, dass nur zwei Soldaten dort waren. Der, mit dem wir sprachen, war der gleiche, mit dem Lex am Vorabend gesprochen hatte. Er war ziemlich schlecht gelaunt, da wir ihn aus dem Schlaf geklopft hatten. Er war daher kurz angebunden. Ich konnte mich nicht erinnern, ihn als Expeditionsmitglied gesehen zu haben, aber es war mir sofort verständlich warum. Dieser Mann sah ziemlich schlecht aus. Er war abgemagert und hatte etliche Narben an Armen und im Gesicht.

Sofort war klar, dass die Expedition mindestens zwei Wochen unterwegs gewesen sein musste. Man nimmt sonst nicht so radikal ab. Dieser Mann hatte etliche Tage keine volle Tagesrationen Nahrung zu sich genommen. Es stellte sich heraus, dass zwei Expeditionsmitglieder im Hospital lagen. Einer war heute Morgen mit einem Suchhubschrauber, den die Park-verwaltung angefordert hatte, unterwegs in die Schlucht. Die

Erkundigungen, die die Soldaten bei der Parkverwaltung und den Reisebüros eingezogen hatten, hatten ergeben, dass die vermissten Soldaten, die beiden Offiziere und die Chinesen noch nicht zurück waren und auch nicht nach Hongkong weitergeflogen waren.

Dass sie sogar in Reisebüros nachgefragt hatten, zeigte mir, wie sehr sie das Ganze geschlaucht hatte, denn im Traveller's Rest befand sich noch das zurückgelassene Gepäck der Expedition. Es war undenkbar, dass Expeditionsmitglieder nach Hongkong geflogen sein konnten, ohne zu wissen, was mit dem Rest des Teams geschehen war, ohne auf sie zu warten, ohne Alarm zu schlagen.

Ich fragte den Soldat auch, wann sie sich von der andern Gruppe getrennt hätten. Er sagte, schon beim Abseilen wären sie alleine gewesen. Eigentlich wären sie den ganzen miesen – er benutzte ein anderes, unschönes Wort – Berg alleine runter.

„Ihr habt also Alarm geschlagen?" fragte ich. Erstaunlicherweise nicht!

Sie hatten nur die Parkverwaltung um Hilfe gebeten. Die Soldaten glaubten immer noch daran, dass es keinen Grund gab, die Armee zu benachrichtigen. Das hätte ja auch schwerwiegende Folgen. Man konnte das Problem vielleicht doch vor Ort lösen. Die kommandierenden Offiziere waren gefordert, nicht Mannschaftsgrade wie sie es waren, die bisher noch nie solche weitreichenden Entscheidungen treffen mussten. Aber wo waren die Offiziere? Sie hatten keine Funkgeräte. Wenn sie in der Lage waren, Alarm zu schlagen, dann wären sie in Sicherheit und brauchten keinen Alarm zu schlagen. Der Soldat war mehr als nur verwirrt. Einen Alarm schlagen kann man doch sinnvollerweise nur dann, wenn es einen Empfänger des Alarms gibt.

Lex sagte dem ausgezehrten Mann, dass wir beide vorhätten, in Low's Gully hinunterzusteigen. „Stimmt`s?" Dabei schaute er mich an. Ich nickte.

Den Soldat bekümmerte das nicht. Er bat um Entschuldigung, aber wir könnten später noch über die Sache reden. Der gestrige Tag sei anstrengend gewesen. Und die Tage davor ebenso. Sie würden Wochen brauchen, um sich von der Tortur zu erholen.

Wir wussten nun, was wir wissen mussten. Ich hatte indirekt Lex schon die Zustimmung gegeben, mit ihm mitzugehen. Jetzt konnte ich auch nicht mehr nein sagen, selbst wenn ich gewollt hätte.

„Du hast es erfahren", sagte Lex, „da draußen ist viel Dschungel. Wir brauchen einen Jungleman!" Und das sollte ich sein, nur weil ich gesagt hatte, dass ich des Dschungels wegen nach Borneo gekommen war. Aber darum ging es gar nicht. Wir hatten hier eine Gelegenheit, die wir sonst nicht mehr so schnell bekommen würden. Offensichtlich gab es da fünf Mitglieder einer britischen Militärexpedition, die am Berg verschollen waren und wir wussten, wo wir sie suchen mussten.

Der Soldat schlug uns vor, um 9 Uhr noch mal zu kommen. Das taten wir auch, nachdem wir unsere Einkäufe gemacht hatten. Proviant für fünf Tage, für mich einen Pullover und eine Jacke, die vor allem eines sein musste: Wasserdicht! Als wir am Traveller's Nest zurück waren, war niemand da. Die Briten waren verschwunden. Wir warteten eine Weile und dann handelten wir.

Auf der Fahrt im Bus zum Kinabalu National Park besprachen wir alles noch einmal. Natürlich ging es auch Lex hauptsächlich um die noch nicht wieder aufgetauchten Soldaten, die verhängnisvolle Schlucht gehörte zum Szenario des Feindbildes. Aus einer kleinen, unbeachteten Expedition war inzwischen ein Drama geworden, das immer größere Wellen schlug! Bald würde die britische Armee davon erfahren und das Interesse der Öffentlichkeit geweckt werden. Die Malaysier suchten bereits mit dem Hubschrauber nach ihnen.

Jetzt erst kam mir in den Sinn, dass ja auch die Vermissten, wie schon die anderen, möglicherweise gar nicht zurückgegangen waren, und es vielleicht noch nicht einmal ernsthaft versucht hatten, sondern wie diese seitlich ausgebrochen waren und noch immer irgendwo im Dschungel steckten. Sie konnten sich sehr wohl im Norden oder im Westen des Berges verlaufen haben. Die anderen waren nur glücklicher gewesen, weil sie auf ein Kampong gestoßen waren, von dem aus sie die Stadt erreicht hatten. Vermutlich würden die anderen, weil sie langsamer waren, ein paar Tage später auf der gleichen Strecke auftauchen. Sie aber dann mit einem Hubschrauber zu entdecken, war nahezu aussichtslos. „Klugerweise" hatten die britischen Soldaten auch solche Uniformen an, die den Soldaten im Krieg unentdeckbar machen soll. Olivgrün!

Was wir, Lex und ich, zu zweit tun würden, war wohl ziemlich belanglos. Wir waren keine Experten für Bergrettungen. Aller Voraussicht nach würden wir selber genug damit zu tun haben, die Kontrolle über unser Tun zu behalten. Es galt, der Sicherheit den absoluten Vorrang zu geben. Wir waren uns dennoch einig, dass wir diese ominöse Schlucht wenigstens ein Stück weit, so lange wie wir uns sicher fühlten, hinuntersteigen würden.

Ich versicherte Lex, dass ich nicht bereit war, Experimente einzugehen. Ich orakelte:

„Wenn es regnet, sind wir draußen! Ich weiß ja nicht wie ihr es in Kentucky mit dem Regen haltet, aber Regen und Klettern, das geht nicht zusammen!"

Ich hielt ihm einen Vortrag über meine eigenen Erlebnisse in der Kinabalu-Gipfelregion.

Lex hörte sich das ungerührt an, dann sagte er plötzlich.

„Vielleicht hatten die Briten bereits beim Abseilen bemerkt, dass sie es in umgekehrte Richtung nicht schaffen würden. Es gibt Stellen, wenn du da das Seil durchziehst, dann war es das. Abseilen ein Leichtes, hochklettern unmöglich!"

Und das ist ja oft auch unerheblich, denn wenn man irgendwo hin abseilt, ist man schließlich unten angekommen, marschiert zum Parkplatz und fährt mit dem Auto nach Hause.

Wir schauten uns unwillkürlich an. Uns durfte das nicht geschehen, abseilen, wo die Wand nicht kletterbar war. Wir wussten nicht, ob es die letzten paar Tage geregnet hatte am Kinabalu. Aber es war wahrscheinlich. Es war demnach leicht vorstellbar, dass jeder, der sich in das Gully vorwagte, nicht mehr zurück konnte.

5. Kapitel: Sich rettende Retter

Als wir im Park ankamen, wollten wir sogleich mit dem Chef sprechen, um uns die neuesten Informationen zu besorgen und kundzutun, was wir vorhatten. Doch der war, wie es hieß, mit einem Hubschrauber ausgeflogen. Er suchte britische Armeeangehörige! Sein Vertreter oder der, der sich als solcher ausgab, zeigte sich nicht sehr kooperativ, obwohl Lex ihm seine Ausrüstung zeigte. Darunter waren auch zwei fünfzig Meter Seile, Reepschnüre, Haken, Klemmen, Schlaufen, Anseilgurte, Schraubkarabiner, Steinschlaghelme usw.

„We are very experienced climbers!" sagte Lex in nicht unbeträchtlicher Übertreibung, was meine Person anbelangte. Aber der Mann wollte ohne seinen Chef nichts entscheiden und wenn sein Chef da war, musste er nicht mehr entscheiden! Ganz im Gegenteil wurde uns ausdrücklich verboten, in Low's Gully hineinzusteigen. Wir erhielten aber die Erlaubnis, den Kinabalu zu besteigen. Wie jeder gewöhnliche Tourist.

Lex war jedoch entschlossen, etwas für die Rettung der Britischen Armee und für die Anerkennung der Verdienste des Empires zu leisten - oder wenigstens zur Aufklärung der Sache etwas beizutragen! Auf die Übertretung einer Anweisung eines nicht kompetenten Vertreters des Chefs der Parkverwaltung, der ohne seinen Chef nicht richtig entscheiden konnte, kam es ja auch wirklich momentan nicht an, solange man dem Vorsatz getreu handeln würde, selber nicht noch für weitere Problemfälle zu sorgen. Es waren Disziplin und Verantwortungsbewusstsein, aber auch Tatkraft verlangt, kein uninspiriertes Sesselgehocke.

Wir machten uns noch am gleichen Nachmittag an den Aufstieg. Wiederum verhießen Wolken um den Gipfel des Kinabalu nichts Gutes. Auf der Hälfte der Strecke fing es leicht an zu regnen. Das verbesserte meine Moral nicht. Ich verspürte Erleichterung, als es bald wieder aufhörte.

Unser Guide blieb uns dieses Mal auf den Fersen. Wir hatten Sanky zunächst nicht verraten, was wir vorhatten. Das würde er schon früh genug mitbekommen. Er sah unsere Ausrüstung und wir beließen es bei dem Hinweis auf Kletterübungen. Erst am Abend weihten wir ihn ein, weil wir hofften, von ihm noch etwas in Erfahrung bringen zu können. Er fand unser Vorhaben aufregend genug. Er kannte den Weg zum Eingang der Schlucht am Easy Valley Col. Er sicherte uns zu, uns dorthin zu bringen. Der Gipfel des Kinabalu war nicht unser Ziel. Weiter konnte Sanky uns auch nicht helfen, klar, es war ja noch nie jemand von den Einheimischen eingestiegen.

Immerhin riet er uns, von unserem Vorhaben abzulassen. Er rief noch zwei weitere Guides an unseren Tisch. Die hatten noch gar nichts davon gehört, dass die Briten vermisst wurden. Sie waren sich aber einig, dass man über das Easy Valley am leichtesten einsteigen könnte. Am nächsten Morgen, es war der 14.3., waren wir die letzten, die aufbrachen. Sanky trug uns sogar die beiden Seile. Da wir nicht wussten, wann wir wieder an sauberes Wasser kommen würden, hatten wir jeweils drei Liter dabei, nebst reichlich Proviant für fünf Tage. Meine erste Besteigung am Kinabalu war noch mit leichtem Gepäck und leichtem Sinn vor sich gegangen. Jetzt war mehr Gewicht in vieler Hinsicht mit dabei und an die Sinnhaftigkeit unseres Unternehmens wollte ich auch glauben. Ich musste daran glauben, denn sonst wäre mir die Motivation schwer gefallen.

Nach drei Stunden erreichten wir den Easy Valley Col. Vor uns, oder besser gesagt unter uns, lag Low's Gully. Doch viel sah man nicht, da Nebel herrschte. Er erlaubte nur einen Blick bis in eine Tiefe von vielleicht drei- oder vierhundert Metern. Doch das, was ich sah, bzw. das, was ich glaubte, zu sehen, genügte, um mir klar zu machen, dass wir uns auf ein ernstes Unternehmen einließen. Ich hatte die Karte im Kopf und stand nun vor diesem Trichter, der sich nach unten für meinen Geschmack viel zu eilig verjüngte. Eine geringere Neigung wäre mir lieber gewesen. Der Trichter bestand aus Felsen, allerdings machte ich weiter unten einzelne Sträucher aus. Aber einladend war das alles nicht. Auch Lex staunte. Mit gespreizten Beinen stand er da und schaute in die Runde, während er die Seile neu aufnahm.

Der Abstieg erwies sich dennoch als leichter, als ich gedacht hatte. Es war zunächst flach genug, dass man die Hände nicht benötigte. Es war nur erstaunlich, wie weit es auf diese Art und Weise hinunter ging. Es änderte sich von der Geländebeschaffenheit – Fels, in dem ab und zu Sträucher wuchsen - nichts. Das einzige Problem war die Orientierung. Nur wo oben und wo unten ist, das ließ die Schwerkraft zuverlässig wissen. Bei der „Wegführung" halfen uns aber oft genug deutlichen Spuren, die Jungle Heights hinterlassen hatte. Sie hatten mit Macheten Schneisen in das Buschwerk hineingeschlagen, wo es besonders dicht war. Diese Arbeit blieb uns erspart. Wir hatten solche Geräte nicht dabei. Deshalb erreichten wir nach wenig beschwerlichen zwei Stunden einen hausgroßen Felsbrocken, der anscheinend den Briten als Lager gedient hatte. Hier endete, markiert durch ein exponiertes einzelnes Bäumchen, das Easy Valley und die eigentliche Schlucht begann. Jetzt konnte man tief in die Schlucht blicken.

Es war ein gewaltiger, ehrfurchtheischender Anblick. Weit unten war ein tiefer, dunkler Einschnitt zu sehen, immer noch grundlos, tausend Meter wie die Krähe fliegt, beide Seiten der Schlucht hatten senkrechte Granitwände, nur auf der Schräge zur Linken hatten sich hie und da Büsche eingenistet. In diesen engen Spalt sollte unser Weg führen. Aber was hieß schon Weg! Das alles, wo die Schwierigkeiten richtig anzufangen schienen, lag ja viele hundert Meter tiefer. Es war schwer abzuschätzen, denn es gab keine Vergleichsmöglichkeiten, keine Gebäude oder irgendwelche menschlichen Artefakte. Aber es war klar, dass da ein Abgrund vor uns lag und es jetzt richtig ernst werden würde. Wir hatten keinen Höhenmesser. Aber Lex schätzte, dass wir uns auf ca. 3.300 Metern Höhe befanden. Demnach waren wir schon 600 Höhenmeter abgestiegen.

Wir kamen an eine Abseilstelle, die keine war. An einer blauen Schlinge hing ein Seil. Das zeigte uns, dass wir auf der Spur von Jungle Heights waren. Die Papierschnitzel, die wir unterwegs gesehen hatten, stammten vermutlich auch von den Briten. Sie hatten wegen des schweren Gepäcks bis hierher viel länger gebraucht als wir. Wir benutzten das Seil, obwohl wir es nicht benötigt hätten – und obwohl es feucht war. Wir kletterten steil ab, ungefähr siebzig Höhenmeter, dann noch einmal sechs Meter. Dann kam eine zwölf Meter hohe Stelle, wo ich es für besser hielt, abzuseilen. Es war sicherer, außerdem ging es schneller. Jetzt kam zum ersten Mal unser eigenes Seil zum Einsatz. Das war unsere erste eigentliche Abseilstelle. Lex wollte es ohne machen, zu Übungszwecken. Mir war es zu riskant, zumal an einigen Stellen noch Wasser vom Regen des Vortags abfloss. Gleich darauf folgte eine weitere Abseilstrecke über 10 Meter. So wie es aussah, waren es nochmals 15 Meter bis zum Grund der Schlucht. Es war aber klar, dass sich der Boden der Schlucht selbst noch steil nach unten fortsetzen musste.

Ich musste daran denken, was jetzt passieren würde, wenn es oben am Kinabalu so regnete wie es bei meinem letzten Besuch geschehen war. Die Stelle würde sich in einen Wasserfall verwandeln. Der Gedanke daran behagte mir nicht. Noch war der Himmel blau. Ich stellte mir vor, wie die Chinesen diese Stelle gemeistert hatten. Mir leuchtete ein, dass sich die zwei Gruppen spätestens hier getrennt haben mussten, in eine schnellere, die vorauseilte, und eine langsamere.

Bisher waren die Abseilstellen kurz. Sie waren alle mit Doppelseil zu bewältigen. Vor allem waren es Stellen, die zur Not auch ohne Seil nach oben leichter zu klettern waren als nach unten, was ab einer bestimmten Steilheit normal ist, da die Augen näher bei den Händen sind als bei den Füßen. Überhängende Stellen kann man auf dem Weg nach unten kaum bewältigen, weil man bei der Suche nach Haltestellen für die Füße zu viel Kraft vergeudet. An einer entsprechenden Seilsicherung kann man sich bequem herunterlassen.

Bei der jetzt folgenden Abseilstelle sah ich jedoch eine Schwierigkeit auf mich zu kommen. Falls ich dieses beinahe senkrechte Stück wieder hochklettern sollte, wäre das mit meinen Bergschuhen nicht einfach gewesen. Erschwerend kam hinzu, dass die Wand nicht überall trocken war. Es musste am Vortag auch auf dieser Seite des Berges geregnet haben, wenn es auch nicht viel gewesen sein konnte. Lex würde kein vergleichbares Kletterproblem haben, denn er hatte Kletterschuhe dabei. Mit ihnen ist es möglich, auch winzige Felsvorsprünge als Haltestellen zu nutzen und so mindestens zwei Schwierigkeitsstufen mehr zu bewältigen. Im Nachhinein betrachtet, waren meine Kletterkünste, die ich am Kinabalu zum Einsatz brachte, nichts, was erwähnenswert gewesen wäre.

Ein Problem blieb, dass man, sobald es nass würde, Anseilen musste, das war klar. Es gab aber noch ein größeres Problem. Man sah den Boden teilweise gar nicht mehr. Es war Nachmittag und inzwischen war wieder Nebel aufgekommen. Wir wussten also gar nicht, wohin wir kletterten.

Lex schlug vor, das nächste Abseilstück noch hinter uns zu lassen, um uns dann nach einem geeigneten Lagerplatz umzusehen. Ich war einverstanden, unter der Voraussetzung, dass das nächste Stück mit einer halben Seillänge, d.h. als Doppelstrang nur mit einer maximalen Tiefe von 25 Metern zu meistern war. Das garantierte mir, dass ich wieder zurück klettern konnte.

Ich hatte bisher immer darauf geachtet, dass sich uns nie größere Aufgaben stellten. Mehr als eine Seillänge im Doppelstrang abzuseilen, wäre eine größere Aufgabe gewesen. Obwohl mir klar war, dass es nicht eigentlich darauf ankam, wie lange die Abseilstrecken waren, sondern allein, ob das Gelände klettertechnisch keine großen Probleme darstellte. Dies war, vereinfacht gesagt, dann nicht der Fall, wenn es genügend Sicherungsmöglichkeiten gab. Um das zu beurteilen, war ich noch zu unerfahren. Bisher befanden wir uns noch in sicherem Gelände, obwohl der Gedanke an Regen ein mulmiges Gefühl provozierte. Wegen meiner nur allzu begründeten Vorsicht, war meine mir von mir selbst zugewiesene ureigenste Aufgabe, in Bezug auf die Abseillängen bis zu einer Standmöglichkeit für Sicherheit zu sorgen, denn ich war der schwächste Teilnehmer dieser Jungle Heights 4 Rescue Expedition. Wenn ich sagte No!, dann war No! Zwar hatte mir Lex zwischendurch zugezwinkert, als ich mich an einer etwas schwierigeren Stelle nicht ungeschickt angestellt hatte, aber davon ließ ich mich nicht beeindrucken.

Die stärksten Kletterer sind meist die Führer. Ich hatte es für besser gehalten, die Verhältnisse umzukehren. Auf Lex konnte ich mich in diesem Fall nicht verlassen. Er überschätzte meine Fähigkeiten. Ich würde entscheiden, wann wir umkehrten.

Ich hatte mir bereits darüber Gedanken gemacht, ob das langsamere der beiden Teams der Briten tatsächlich umgekehrt war. Der Gedanke ließ mich nicht los. Wenn ja, dann konnte es nur bedeuten, dass sie es nicht geschafft hatten. Mir ging auf, dass wir versäumt hatten, die zurückgekehrten Mitglieder der Expedition zu befragen, wie viele Seile sie mitgenommen hatten und wie viele sie bei dem langsameren Team gelassen hatten. Lex hatte nicht gefragt, weil wir sowieso nur zwei Seile hatten. Ihm ging es um die eigenen Möglichkeiten am Berg, weniger um das Problem, welches Jungle Heights zu bewältigen hätte. Seilmangel konnte ein Grund sein, warum es nicht möglich war, zurück zu steigen. Man hatte ja auch gar nicht damit gerechnet, wieder auf den Berg hinauf zu müssen. Das hieß aber, dass die vermissten Briten und Chinesen noch irgendwo in der Schlucht waren oder im Dschungel nordwestlich des Kinabalu. Ich würde unter allen Umständen vermeiden müssen, dass wir den gleichen Weg des Leidens gingen, zumal wir ja auch nur Proviant für fünf Tage hatten. Es war also klar, unser Weg führte nur zurück. Das beruhigte mich, denn anders als bei Neill sollte „meine" Expedition nicht mit Gewalt durchgezogen werden und sie hatte vor allem nicht das gleiche Ziel.

Um festzustellen, ob es dort unter uns einen Standplatz in geeigneter Höhe gab, ließ ich Lex hinab. Er verschwand im Nebel. Ich hörte eine Weile nichts. Dann rief er etwas hoch, was ich nicht verstand. Da ich ihn abließ und die Doppelseiltaktik dazu nicht notwendig war, konnte ich ihn mit dem 50 Meter Seil theoretisch und praktisch fast die gesamte Seillänge ablassen, wenn ich wollte. Verabredet war, einen Standplatz zu finden, der nicht tiefer lag als die Hälfte davon.

Ich ließ also das Seil ab ... und ließ es noch weiter ab. Seile sind normalerweise in der Mitte markiert. Die Markierung war noch nicht gekommen. Ich war gespannt, auch ob Lex sich an unsere Abmachung hielt. Ich ließ weiter ab. Die Markierung kam, aber Lex wollte noch weiter abgelassen werden. Wir hatten verabredet, dass er zwei Mal am Seil zog, wenn er wieder nach oben wollte. Ich hatte noch etwa fünf Meter dazugegeben, als das Seil gespannt blieb. Hatte er Stand?

Ich hörte nichts von ihm. Ich lauschte, ich hielt das Seil verkrampft fest, ein Bruchteil meines Krafteinsatzes hätte ausgereicht, das Seil unter Kontrolle zu halten. Es dauerte eine

Weile, dann hing das Seil plötzlich schlaff. Plötzlich hörte ich Lex rufen. Es klang sehr entfernt. Da kam der doppelte Seilzug. Ich war erleichtert.

Nach wenigen Minuten war Lex wieder oben. Ich zog fest am Seil, um es ihm zu erleichtern. Er beschwerte sich mehr scherzhaft als im Ernst, dass ich viel zu kräftig gezogen hätte. Er wäre mit dem Klettern gar nicht nachgekommen und hätte sich mehr darauf konzentrieren müssen nicht ins Seil zu fallen. Ich hätte mir die Kraft auch sparen können, weil ich sie morgen gut gebrauchen könnte. Warum?

Lex berichtete, dass er sich praktisch 25 Meter senkrecht abgeseilt hätte und erst in etwa 30 Metern Tiefe hätte er einen günstigen Anseilpunkt gefunden, aber keinen Standplatz. Danach wäre es nicht ganz so steil, aber… er holte tief Luft und sagte.

„Ich glaube, der Grund der Schlucht liegt noch einmal 80 oder einhundert Meter tiefer und…."

„Und?"

„Senkrechte Wände!"

„Senkrechte Wände?"

„Senkrechte Wände, aber machbar. Ich meine, ja, auf dem Rückweg machbar. Ein paar Stellen vielleicht sechs, gut, aber ich ziehe dich am Seil hoch, keine Sorge."

Als ob man einen 72 Kg schweren Klotz 100 Meter und dann womöglich noch einmal hundert Meter und noch einmal hundert Meter hochziehen könnte! Ich hatte begriffen. Lex hatte seinen üblichen, für seine Verhältnisse angepassten Rhythmus gefunden. Die Leidenschaft hatte ihn gepackt, der Sportsgeist hatte ihn erfasst. Mir blieb hingegen nur die Vernunft, die mich an bestimmte Grenzen gemahnte.

Wir waren hier auf knapp über 3.000 Metern. Es war klar, dass wir heute nicht mehr weiter abstiegen. Die schräge Terrasse, auf der wir uns befanden, gab einen günstigen Lagerplatz her.

Lex hatte ein Zelt dabei. Da es aber sehr klein und für zwei Mann unbequem war, zogen wir es vor, unmittelbar unter dem Hang im Freien zu lagern. Bei unserem üppigen Dinner, das aus gekochtem Reis und Bohneneintopf bestand, kam mir bereits der Gedanke, dass wir bestimmt nicht rationieren müssten, da ich davon ausging, dass wir einige Rationen schon sehr bald wieder nach oben schleppen würden. Ich wusste nur nicht, wie ich meine Vermutung, die ich insgeheim schon als gesicherte Gewissheit handelte, Lex mitteilen sollte.

Der Tag war für mich anstrengend gewesen. Nach der anfänglichen Unsicherheit war es kein Problem, abzuseilen. Lex setzte die Abseilfixpunkte. Man merkte, dass er ein Fachmann in dem war, was er tat. Die zurückgelegte Strecke war viel weiter, als ich gedacht hatte. Es waren zwar eine Menge Abseilstrecken gewesen. Aber wirklich schwer war keine. Wie auch? Beim Abseilen spielt die Höhe eigentlich keine Rolle. Doch wie würde das auf dem Rückweg aussehen? Das bereitete mir Kopfzerbrechen. Ich hatte auf dem Weg nach unten immer versucht, mir die Strecke einzuprägen und mir vorzustellen, wie ich sie auf dem umgekehrten Wege anpacken sollte. Ich würde Lex vorausklettern lassen, so dass er mir von oben Unterstützung geben konnte. Vorstieg ist immer schwerer, weil man die Sicherungen selber setzen muss. Darin hatte ich noch wenig Erfahrung. Ich hatte das nur einige Male bei leichter Kletterei gemacht. Lex sollte mit Zwischensicherungen hochklettern, oben eine geeignete Stelle für einen Standplatz suchen und mich dann über einen Halbmastwurf sichern. Das erlaubte ein mithelfendes Nach-oben-Ziehen Das war besonders dann hilfreich, wenn der Seilzweite etwas überfordert sein sollte.

Für Lex, da war ich mir ziemlich sicher, war dieses „nur" auch wirklich nur ein „nur". Umgekehrt hätte ich vielleicht im Endergebnis das Gleiche leisten können, aber, das war klar, nicht mit dieser Geschwindigkeit und Sicherheit wie Lex. Und darauf würde es ankommen, insbesondere dann, wenn die Witterungsverhältnisse ungünstig wurden. Lex war der bessere Kletterer, er würde deshalb zudem weniger Kraftaufwand für die gleichen Kletterstrecken benötigen. Das waren meine Vorstellungen. Es war kein Raum für Waghalsigkeit oder Heldentaten. Wer im Schnöden seine Spannung findet, erntet ein langes Leben – wenn er nicht sowieso im Bett stirbt!

Lex hatte andere Pläne. Er redete davon, dass es morgen sicherlich noch weiter spannend werden würde. Er meinte damit natürlich das weitere Abseilen, das „Eindringen in fremde Welten"! Ich wusste, dass er Recht hatte. Es würde spannend werden. Aber ich meinte das Hinaufsteigen.

Ich hatte eine ungemütliche und unruhige Nacht. Der Platz auf der Isomatte war unbequem. Es kam beständig ein kühler Wind, der manchmal auch Wasser in Form feiner Tröpfchen vom Steilabfall zu unserer Linken herübersprühte. Da tropfte Wasser ungefähr dreißig Meter weit herunter, was uns zeigte, dass es in den letzten Tagen geregnet haben musste. An den Felsen, an denen wir abgeseilt hatten, sah man die Spuren von häufig herabfließendem Wasser, manches Rinnsal war noch übrig geblieben. Es gab einen ständigen Nachfluss, nur die Stärke und Menge variierte stark.

Am Himmel gab es keine Sterne. Es waren Wolken aufgezogen, die nichts Gutes verheißen hätten für den nächsten Tag, wenn Wetterprognosen am Kinabalu zuverlässig gemacht werden könnten. Deshalb war es ziemlich dunkel. Es war eine dieser Nächte, in denen man nicht tief schläft und man sich nicht sicher sein kann, ob man überhaupt geschlafen hat, oder ob man im Halbschlaf vor sich hingeträumt hat.

Einmal gab es ein dumpfes Geräusch ganz in der Nähe, das mich in einen wacheren Zustand versetzte. Ich drehte mich zu Lex hin und nannte seinen Namen. Ich konnte nicht eindeutig erkennen, ob er in seinem Schlafsack lag. Da war keine Bewegung. Ich schloss die Augen wieder.

Erneut hörte ich ein dumpfes Stoßen, dieses Mal von meiner Rückseite. Ich lauschte, ohne mich umzudrehen. Es hörte sich so an, als ob jemand an unserer Kochstelle wäre. Doch Lex lag vor mir und schlief. Was war hinter meinem Rücken? Es kam ein Geräusch dazu, das sich wie schweres Atmen oder Stöhnen anhörte, dazwischen blies der Wind in mein Ohr. Er bläst in dieser Schlucht, die wie ein Schlauch wirkt, unablässig. Gab es auf dieser Höhe Tiere, die solche Geräusche verursachen konnten? Was für Tiere sollten das sein? Bären? Gämsen? Leoparden? Unmöglich, bei der Steilheit des Geländes. Gämsen und Leoparden gab es in Borneo nicht. Zumindest glaubte ich das zu diesem Zeitpunkt noch. 2007 würde man den Borneo Clouded Leopard (deutsch: Nebelparder) entdecken, von dem man vorher nur vermutet hatte, dass es ihn gibt.

Ich beschloss, mich langsam umzudrehen. Ich führte die Drehung nicht vollends aus, sondern hielt auf halbem Weg inne, da das Geräusch nicht mehr zu hören war. Wurde ich jetzt beobachtet? Ich strengte meinen Hörsinn an. Meine Neugier war stärker als mein Vermögen zur Geduld. Ich drehte mich vollends zur Seite.

Es war dunkel. Aber in diesem Nachtschwarz gab es noch einen Schatten, der sich bewegte und nach unten verschwand. Irgendeine Gestalt, die geräuschlos über den Steilabfall in die Tiefe abtauchte. Oder hatte mir das überanstrengte Auge in Personalunion mit den heute schon überbeanspruchten Nerven einen Streich gespielt? Und was war mit den Geräuschen, die nicht windtypisch waren?

Gab es einen nächtlichen Besucher in unserem Lager? Gab es noch Tiere, von denen die Zoologen noch keine Kenntnis hatten, die in Low's Gully ein unentdecktes Dasein fristeten? Eine Art Borneo-Yeti? War das vielleicht sogar die Erklärung für den Aberglauben der Eingeborenen über Geister, die in der Schlucht hausen? Es war und blieb mir rätselhaft. Ich war zu müde, um analytisch darüber nachzusinnen. Am nächsten Morgen fragte ich Lex, ob er etwas bemerkt hätte. Wie ich erwartet hatte, wusste er nichts. Er hatte fest geschlafen.

„Ist dir einer der vermissten Briten im Schlaf erschienen?" frotzelte er. Ich beließ es dabei.

Wir saßen gerade bei unserem Morgentee als uns Regentropfen in die Tasse hineinfielen. Wir waren uns nicht sicher, woher das Wasser kam, da wir wieder einmal in einer Nebelwolke saßen. Nebel und Regen zusammen? Am Kinabalu ist alles möglich. Nach einer Weile wurde der Regen stärker. Wir packten zusammen. Als wir fertig waren, hatte der Regen wieder aufgehört. Wir waren unschlüssig. Ich schlug Lex vor, dass wir warten sollten, bis der Nebel weg war. Es war gar kein Nebel, es waren Wolken.

Die warme Luft vom Grund der Schlucht, wo tropische Temperaturen herrschten, stieg beständig nach oben und beförderte die Wolken aus Wasserdampf und kleinsten Wassertropfen wie in einem Fahrstuhl nach oben, wo sie an der kühleren Luft so weit oben schließlich kondensierten. Und wir waren mittendrin. Doch hinter diesen hausgemachten Wolken gab es keinen blauen Himmel. Der Himmel war bedeckt auf eine Art und Weise, die uns gar nicht gefiel, dicht zusammengedrängte, schwere, dunkelgraue Wolken. Es würde noch mehr Regen geben, wenn nicht am Morgen, dann am Nachmittag. Das reichte mir für eine entscheidende Verlautbarung.

Lex nickte. Er sagte nur. „Das war also unsere Rescue Operation!" Es klang nicht vorwurfsvoll.

Ich dachte, „noch nicht!", denn wir waren noch nicht aus der Schlucht. Beim Bergsteigen sagt man, die Besteigung ist mit dem Abstieg gelungen. Bei uns war es umgekehrt.

Falls es anfänglich noch Zweifel über meine Entscheidung gegeben haben sollte, die ich zur unseren gemacht hatte, lösten sich diese vollends auf, denn es regnete mehrfach an diesem Tag. Lex kletterte voraus, brachte Zwischensicherungen an, wo es nötig war. Ich kletterte hinterher und löste die Zwischensicherungen wieder. Das erwies sich zunehmend als schwieriger, da immer mehr Wasser von oben auf uns herabprasselte, ganz wie ich erwartet hatte. Anfangs benutzte Lex wenige Zwischensicherungen, was besonders mir zugutekam, denn so musste ich weniger oft Halt machen. Natürlich löste ich die Sicherungshaken und Klemmen. Mit meinen schweren Schuhen hatte ich im wahrsten Sinne des Wortes alle Hände voll zu tun, um immer am Fels zu bleiben.

Als wir nach für mich mühseliger Kletterei, die mir manche Schramme eingebracht hatte, endlich wieder an dem hausgroßen Felsen angekommen war, wollte Lex weiter. Es hatte aber stärker angefangen zu regnen. Ich schlug ihm vor, im Schutz des Felsens zu rasten. Wir kochten uns eine Mahlzeit. Dann sahen wir zu, wie das Wasser von weiter oben heruntergeschossen kam. Das ging den ganzen Tag so. Aber das Schlimmste hatten wir ja geschafft. Im Stehen und hocken wären wir beim Warten schnell ausgekühlt, aber wir hatten Wechselkleidung dabei. Und das Gekochte wärmte uns erst einmal von innen.

Ich war froh über unsere Entscheidung, dass wir am Morgen nicht weiter abgeseilt hatten und ich glaube, Lex war es auch. Selbst wenn die restlichen einhundert Meter auf den Grund der Schlucht auf dem Rückweg kein unüberwindliches Hindernis dargestellt hätte – wir würden es nie erfahren – wir hätten spätestens dann den Rückzug antreten müssen, falls es so weiterregnete. Der Aufstieg war unter den dann gegebenen Verhältnissen keine Freude. Wie sich herausstellte, war die Entscheidung richtig. Es sollte die nächsten Tage weiter regnen. Es sollte regnen und regnen und regnen. Aus einer spannenden „Mission", war ein bescheidenes Unternehmen geworden, noch ehe es zu einem Abenteuer werden konnte. Das hat man davon, wenn man besonnen und vernünftig ist!

Ich empfand Erleichterung, dass wir nicht da unten feststeckten. Je länger wir gewartet hätten, desto schwieriger wären die Verhältnisse geworden. Wäre Lex beispielsweise aus- oder abgerutscht oder gar abgestürzt, wäre ich alleine vermutlich gar nicht mehr herausgekommen. Für einen guten, erfahrenen Kletterer ist es möglich, im Regen an Steilwänden hochzuklettern, wenn er genügend Sicherungsmöglichkeiten für die Selbstsicherung findet, vorausgesetzt natürlich, er hat dieses Sicherungsmaterial auch dabei. Wir hatten nicht viel davon.

Es ist dann nur noch eine Frage der Kondition und der Fähigkeit des Körpers, in der Kälte den Dienst aufrecht zu erhalten. Spezialisierte Kletterer, die sich jedes Gramm Fett abtrainieren, können schneller in Schwierigkeiten kommen, weil ihr Energievorrat schneller aufgezehrt wird. Dafür klettern sie schneller. Für mehrtägige Touren ist es daher wichtig, sich einen ausreichenden Vorrat an Energie angelegt zu haben.

Was wir zwischen der Terrasse und dem „Houseboulder" auf einer Strecke mit einer Höhendifferenz von ungefähr 170 Metern geklettert hatten, wäre unter trockenen Bedingungen nicht höher als mit der fünften Schwierigkeitsstufe belegt gewesen. Unter Regen wurde es schwieriger. Bei den schwierigsten Abschnitten zog Lex von oben das Seil straff. Er zog das Seil oft straff. Ich war mir sicher, dass ich mit meinen schweren Bergschuhen hier keine Chance gehabt hätte, ohne seine Hilfe hinauf zu kommen. Was hatten die britischen Soldaten an Schuhen? Die Burma-Walker oder die Heavy Boots?

Jetzt, da ich selber in Low's Gully war, war mir reichlich aufgegangen, dass die Gruppe um die Offiziere und Chinesen hier nicht mehr hochgekommen sein konnte. Für sie gab es, wenn überhaupt, nur ein Entkommen über den Fuß des Berges.

In unserem provisorischen Camp „Midway" besprachen wir noch einmal die Jungle Heights Expedition. Wir waren uns jetzt sicher, dass wir den Grund gefunden hatten, warum es den Briten und Chinesen, falls sie es versucht haben sollten, nicht gelungen war, aus der Schlucht über den Rückweg herauszukommen. Ich erklärte Lex, dass die Chinesen, meiner Einschätzung nach, bestimmt nicht so gute Kletterer waren wie ich. Ich korrigierte „good" in „able". Jetzt konnte ich es ja sagen, nachdem ich das schwerste Stück hinter bzw. unter mir gelassen hatte! Demzufolge hatte sie der Regen dazu verurteilt, ihr Glück auf dem Weg nach unten zu versuchen.

„Aber was, wenn es weiter unten, also unterhalb der Stelle, wo sie der Regen überrascht hat, auch so schwierige Verhältnisse wie hier oben gab?" gab ich zu Bedenken.

„Sagte der Überlebende nicht, dass es über etliche Wasserfälle ging?"

„Immerhin bedeutet die Tatsache, dass sie es geschafft haben, dass es machbar war!"

„Stopp! Du sagtest zu Recht „war"! Die erste Gruppe war schneller, weil sie besser war. Sie haben die Wasserfälle bewältigt, als es vielleicht noch nicht geregnet hat. Als die anderen zu den schwierigen Stellen kamen, waren die Bedingungen vielleicht durch einsetzenden Regen schwieriger.

Und da sie sowieso schwächer waren…War es das. Es ist keineswegs sicher, dass die anderen rausgekommen sind!"

Wir blickten uns betroffen an. Mir dämmerte, dass Lex Recht haben könnte. Es war alles davon abhängig, wie das Wetter war. Das musste jedem, der sich in die Schlucht hinein traute, klar sein. Völlig klar! Opfer sind oft deshalb Opfer geworden, weil ihnen etwas Entscheidendes nicht klar gewesen war!

Wir rührten uns nicht von der Stelle. Den ganzen Tag nicht. Ob es den verschollenen Expeditionsmitgliedern ebenso ging? Saßen sie irgendwo da unten, zitterten vor Kälte, durchnässt zum x-ten Male, mittlerweile schon längst ohne Proviant? Mit dem einzigen Gedanken beseelt, dass irgendeiner käme, um sie herauszuholen! Wie weit unten waren sie? Wie nahe waren wir an sie herangekommen? Hätten wir vielleicht doch noch die hundert Meter zum Boden der Schlucht abseilen sollen? Vielleicht waren sie nicht fern? Vielleicht waren sie nur zu erschöpft und angeschlagen, als dass sie den Aufstieg hätten schaffen können. Vielleicht hatten sie ihre Seile verloren? Eines hatten sie ja leichtsinnigerweise oben hängen lassen. Sie dachten, sie bräuchten es nicht mehr.

Oder vielleicht saßen sie gerade in Kota Kinabalu in einem Pub und prosteten sich zu, dass sie es geschafft hatten, während wir uns um sie sorgten und in der nassen Kälte bibberten! Vielleicht saßen sie in irgendeinem Dorf im Norden des Kinabalu und palaverten vergnügt mit den Dorfältesten über ihr Abenteuer. Vielleicht gaben sie gerade ein Briefing im Hauptquartier des National Parks oder eine Pressekonferenz in der Stadt. Und keiner kümmerte sich um uns. So sah es aus!

„Sage mir, Lex, hast du dich bei deinen Klettertouren auch mal verschätzt? Ich meine nicht hinsichtlich des Schwierigkeitsgrades. Ich meine, dass du in echte Schwierigkeiten gekommen bist!"

„Du meinst so wie die Briten?" Ich nickte. Er überlegte eine Weile. Dann lächelte er plötzlich.

„Ja, in der Carlsbad Cavern. Wir unterschätzten die Wächter. Sie haben uns erwischt. Wir mussten eine Strafe zahlen."

Die Carlsbad Cavern war ein riesiges Höhlensystem in den USA, das unter Naturschutz stand. Natürlich war es verboten, dort zu klettern, aber Lex hatte sich mit zwei Freunden dennoch in den Kopf gesetzt, sich die verbotenen Kirschen zu pflücken.

„Und du?"

Ich sagte ihm, dass ich schon oft in Schwierigkeiten geraten war, weil sich die Natur anders verhielt als erwartet. Beim Klettern oder Bergsteigen war dies jedoch nicht der Fall gewesen.

Ich fragte ihn, ob er mit Dave weitergeklettert wäre. Er bestätigte, meinte jedoch, dass es ein Fehler gewesen wäre, da es mittlerweile viel zu viel regnete. Also hatte auch ihn die Wassermenge beeindruckt. In Höhlen regnete es ja nie. Da gab es eine andere Unannehmlichkeit von oben, die sich zu einer echten Gefahr ausweiten konnte. Die Exkremente der Fledertiere.

Lex meinte, davon überzeugt sein zu müssen, dass Low's Gully nur eine Frage des Materials wäre.

„Alles ist machbar. Es kommt nur auf den richtigen Einsatz von Material an. Wir haben Low's Gully nur von oben gesehen. Ich glaube, dass da unten noch schwierige Strecken gekommen wären. Aber dann brauchst du halt statt zwei Seilen vier oder zehn. Und du brauchst genügend trockene Kleider in einem wasserdichten Rucksack. Es ist immer das Gleiche, die Logistik muss stimmen. Irgendwann in den nächsten Jahren wird es irgendjemand schaffen, aber nicht als Himmelfahrtskommando.

Und das wird dann mit genügend Seilen sein. Und man muss damit umgehen können. Und gegen das viele Wasser muss man auch gerüstet sein!"

„Du meintest wohl Höllenfahrtskommando!"

Am Ende von Jungle Heights würde man feststellen, dass keiner dieser drei Punkte gegeben war.

Auch am nächsten Tag war das Wetter nicht besser. Wir packten unsere nassen Sachen zusammen, zogen die nasse Kleidung vom Vortag an, und brachen auf. In wenigen Stunden, wiederum im Regen, hatten wir Panar Laban erreicht. Dort machten wir nur eine kurze Rast, da wir nicht an Bewegungswärme verlieren wollten und stiegen vollends ab.

Eigentlich hatten wir vorgehabt, dem Park Warden Bericht zu erstatten - viel hatten wir ja nicht zu berichten - aber wir, besonders ich, waren völlig erschöpft und ausgezehrt. Meine Knie schmerzten stark. Ich wankte die letzten Schritte zu einer der Unterkünfte. Es reichte gerade noch um mitzubekommen, dass irgendjemand sagte, die britische und malaysische Armee seien mit Rettungsteams unterwegs, in trockene Unterwäsche zu schlüpfen und mich unendlich dankbar unter die Decke zu verkriechen, bevor ich in einen tiefen Schlaf versank.

6. Kapitel: Das Drama nimmt seinen Lauf

Was war geschehen, nachdem ich die Briten nicht mehr gesehen hatte? Wie war es mit der Expedition weiter gegangen? Am 23.2. war ich das erste Mal von Panar Laban nach unten gestiegen, nachdem ich diese merkwürdige Besteigung hinter mich gebracht hatte. Da waren mir noch zwei Expeditionsmitgliedern begegnet, die ihr Gepäck „nachholten", welches sie am Vortag auf dem Weg zur Panar Laban Hut unterwegs deponiert hatten.

Der Colonel hatte für diesen Tag vorgehabt, erst einmal eine Besteigung des Kinabalu durchzuführen. Dabei sollte man die Hälfte des Gepäcks das steile Gelände bis zur Sayat-Sayat Hütte befördern. Das war wegen der Schwere der Rucksäcke natürlich nicht einfach. Von dort zweigte der Weg zum Einstieg von Low's Gully von der üblichen Gipfelroute ab. Das wussten Neill und Foster schon von ihren früheren Expeditionen.

Die vier, die schon am Vortag keine Probleme mit dem Gepäck gehabt hatten, äußerten dann doch den Wunsch gleich ihr ganzes Gepäck hoch zu transportieren, um dann oben übernachten zu können. Das hatte den Vorteil, dass sie, während die anderen wieder zur Panar Laban Hütte herunter mussten, um dann erst wieder am nächsten Tag mit dem restlichen Gepäck nachzusteigen, bereits am frühen Morgen schon mal einen Erkundungsgang ins Easy Valley machen konnten.

Das Easy Valley war der flachere von zwei möglichen Einstiegswegen in Low's Gully. Auf diesem Wege brauchte man zunächst kein Seil. Diesem Wunsch wurde entsprochen. Niemand ahnte, dass hier schon der erste Schritt getan war, dass sich das Team aufteilte.

Als die Männer an der Sayat-Sayat-Hütte ankamen, hatte der Colonel jedoch seinen Plan geändert. Er bestand eigenartigerweise darauf, dass die sechs Schwächeren, die hier ihr Gepäck abladen sollten und nicht zum Gipfel mitschleppen mussten, eben dieses Gepäck doch noch einige hundert Höhenmeter in Richtung Gipfel befördern sollten. Der Colonel bezweckte damit, diesen schwächeren Teil der Truppe noch weiter zu trainieren.

Das war eine Schnapsidee. Bei Leuten, die sich bereits am Vortag erschöpft hatten, wäre ein Ruhetag wichtiger gewesen. Der Körper muss sich von größeren Strapazen erholen können, ehe er wieder Leistung bringen kann, oder bevor ein Trainingsreiz auch zur gewünschten Steigerung des Leistungsvermögens führen kann. Offenbar wusste der Colonel von diesen Dingen, die regelmäßig trainierende Sportler nur zu gut wissen, nichts. Er erreichte dadurch eher, dass die Schwachen noch weiter geschwächt wurden. Das würde sich außerdem nicht unbedingt günstig auf die Psyche der Chinesen auswirken, die schon längst Zweifel angemeldet hatten, dass sie die Richtigen für dieses Unternehmen waren.

In Hongkong hatte ihnen niemand gesagt, wofür sie sich gemeldet hatten. Aber eigentlich wusste das ja sowieso keiner der Teilnehmer! Die Chinesen hatten bisher eine schwache Vorstellung gegeben. Es hatte sich herausgestellt, dass sie sich einen weiteren Lapsus erlaubt hatten. In Kota Kinabalu war ihnen gesagt worden, sie sollten sich zehn Tagesrationen Essen für das Unternehmen zusammenstellen. Es hatte ihnen jedoch niemand auseinandergesetzt, dass die Tour mit dem Abstieg in Low's Gully und nicht etwa schon mit der Anreise beginnen würde.

Die Briten hatten verstanden, dass es bis zur Panar Laban Hütte die Möglichkeit gab, in Restaurants oder Kantinen zu essen. Wenn es geheißen hatte, die Expedition würde zehn Tage in Anspruch nehmen, war bereits in England verschiedentlich darüber gesprochen oder „gebrieft" worden, dass jedem klar war, hier war natürlich die Zeit vom Beginn des Abstiegs in Low's Gully bis zur Ankunft am ersten Dorf, von dem man dann wieder in die

Zivilisation gelangen würde, gemeint. Es gab also ein Informationsdefizit, für das letzten Endes die Einsatzleitung verantwortlich ist. Niemand hatte „daran" gedacht.

Und so kam es, dass die Chinesen bereits in Kota Kinabalu und am Berg erst recht, noch ehe die eigentliche Expedition begonnen hatte, damit anfingen, ihre Rationen aufzuessen. Das Problem wurde behoben, indem man die Kantine leer kaufte und das erleichterte Gepäck, weniger zur Erleichterung der Chinesen, wieder nachfüllte. Das hob die Stimmung der Chinesen nicht. Sie hatten den Ruf weg, körperlich schwach, wegen ihrer berechtigten Zweifel über ihre Geeignetheit ängstlich und zaghaft und nun auch noch schwer von Begriff und naiv zu sein. Damit war die Stimmung schon vergiftet, noch ehe die eigentliche „Reise" losging.

Der Sprecher der drei Hongkong Chinesen, Cheung, hatte längst den Colonel darum gebeten, die Sache für die Chinesen abzublasen. Doch der fand das gar nicht vernunftbegründet. Er drohte mit einer entsprechenden Meldung an ihre Truppe. Das war wohl so was Ähnliches wie Feigheit vor dem Feind mit Befehlsverweigerung. Beides in der britischen Armee ein Ding der Unmöglichkeit.

Aber am Berg gelten andere Gesetze als bei der britischen Armee. Man stelle sich eine Bergbesteigung durch ein Team von Bergsteigern vor, deren Führer anderen Teilnehmer befiehlt, weiter nach oben zu gehen, obwohl diese sich nicht weiter der Gefahren aussetzen wollen! Aber der Grund für die Gemütslage des Colonels war nicht sein Faible für bedingungslosen Gehorsam gegenüber der Führerschaft, sondern seine gründliche Unkenntnis über die Sachlage.

Am 24.2., als ich schon auf dem Weg war, in der Crocker Range nach der Rafflesia zu suchen, sollte die Voraustruppe ein Lager im

Easy Valley finden, und dann die Hauptgruppe um 14.00 Uhr am Easy Valley Col treffen. Für die Voraustruppe gestaltete sich das schwer, da sie sich einige Stunden mit der Machete durch das Gestrüpp schlagen mussten. Als sie dann durch waren und auch noch eine geeignete Stelle mit Wasser gefunden hatten, war es schon so spät, dass sie sich dazu entschlossen, zu bleiben. Das ersparte ihnen den Weg zurück.

Die Gruppe um den Colonel wartete vergebens am verabredeten Punkt und musste nun ihrerseits einen Lagerplatz suchen. Während die Chinesen das Lager einrichteten, unternahmen die anderen einen Vorstoß weiter nach unten. Dabei sahen sie von einem Aussichtspunkt aus dann die anderen etliche hundert Meter tiefer an einem Felsen lagern, den sie Table Rock nannten. Jetzt hätten sie ein Funkgerät gut gebrauchen können.

Es machte für sie keinen Sinn, noch weiter hinunter zu klettern, da es schon zu spät war. Außerdem musste die Spätgruppe ihr letztes Gepäck noch nachholen, das sie oben im Zugangsbereich zurückgelassen hatten. Der Colonel hatte sich nicht wohl gefühlt und darauf verzichtet, mehr als die Hälfte des Gepäcks zu tragen. Er ließ die anderen gleichermaßen verfahren. Gleiches Recht für alle!

Im Nachhinein ist es schwer nachvollziehbar, warum bei einem Unternehmen, bei dem es auf die Einhaltung eines Zeitplans ankommt, so getrödelt wurde. Die Führung dieser Expedition war ganz offensichtlich für die gestellten Aufgaben ebenso ungeeignet wie einige Teilnehmer. Das hatten einige Teilnehmer jedoch auch schon festgestellt, allen voran Richard Mayfield, der Corporal, mit dem ich bereits mehrfach gesprochen hatte.

Die Nacht zum 24.2. war die erste Nacht, die ungeplant getrennt verbracht wurde. Der Colonel ärgerte sich, dass man seine Anordnungen nicht beachtet hatte. Es war wohl ein Stück weit

Bequemlichkeit, die die Gruppe um Mayfield an ihrem Lagerplatz verweilen ließ. Sie hätten ja wieder hochklettern und am nächsten Tag die gleiche Wegstrecke wieder herunterklettern müssen. Und das nur, weil die anderen so langsam waren. Das ist ein altbekanntes Problem bei Armeen. Manchmal weiß man vor Ort viel besser als „weiter oben" in der Befehlshierarchie, was gerade am besten zu tun wäre. Man muss sich beugen, sehenden Auges, dass es unsinnig ist und schadet. Tut man es nicht, handelt man vielleicht richtig, aber da Subordination in einer Armee fehl am Platz ist, wird der, der richtig gehandelt hat, weil er die Befehlskette durchbrochen hat, bestraft. Man kennt das Prozedere ja von der Geschichte um die Meuterei auf der Bounty, auch wenn sich die Geschichte in Wahrheit etwas anders abgespielt hat, als es die Legendenstricker gerne haben wollten.

Aber diese Verweigerung vom Mayfield & Co, die ja Sinn machte, hatte noch einen Nebeneffekt. Die Starken waren unter sich. Eigentlich hatte die Gruppe jetzt die Konstellation, die von Mayfield bereits in der Besprechung in der Panar Laban Hütte vorgeschlagen worden war. Lief nicht alles so, wie er sich das vorgestellt hatte? Er hatte eine Auseinandersetzung mit dem Colonel gehabt. Der war jetzt nicht hier. Jetzt war er der Chef in der Vorausgruppe. Sollte das nicht besser so bleiben wie es war?

Es kam, was vielleicht unvermeidlich war. Die beiden Gruppen sahen sich nicht mehr wieder, denn die vorderen waren schneller als die hinteren und blieben das auch.

Am 25.2. war die Spätgruppe, die ich künftig Gruppe B nennen werde, dabei, ihr restliches Gepäck zu holen. Es wurde wiederum spät. Neill, Foster und der Corporal Mann versuchten, auf unterschiedlichem Kurs, herauszufinden, ob die andere Gruppe am Table Rock geblieben war. Aber es war zu spät, um ganz nach unten vorzustoßen. Auf halbem Weg kehrten Neill und Foster um. Sie hatten wiederum die Hälfte ihres Gepäcks mitgenommen.

Mann hingegen hatte alles dabei. Er nutzte die Gunst der Stunde und beschloss, sich bis zum Table Rock durchzuschlagen, nur seinen sperrigen gelben Kasten mit der Kamera ließ er zurück. Er fühlte sich bei den anderen britischen Mannschaftsgraden wohler als bei den beiden Offizieren und den Chinesen. Das dürfte sein Hauptbeweggrund gewesen sein.

Er erreichte Table Rock nach Einbruch der Dunkelheit. Zuletzt hatte er sich durch Zurufen hin lotsen lassen. Mayfield war ihm das letzte Stück entgegengekommen. Jetzt gab es zwei Gruppen zu je fünf Mann. Am nächsten Morgen kehrte Mann zwar zurück und fragte den Colonel um Erlaubnis zur „Advanced Group" vorstoßen zu dürfen. Er behielt für sich, dass er nicht länger herumtrödeln und auch nicht der Aufpasser für die drei Chinesen sein wollte. Nicht jedoch, dass Mayfield der ihm zugewiesene Kletterpartner war. Sie waren in Zweierteams eingeteilt worden, jedes Team teilte sich ein Leichtzelt. Mann hatte eine ungemütliche Nacht im Freien verbracht. Er hatte also vorzeigbare Gründe zur A-Gruppe vorzustoßen.

Bei der Gelegenheit fragte Mann auch gleich noch, ob die A-Gruppe vielleicht weiter vorgehen konnte, da Mayfield eine Stelle weiter unten ausfindig gemacht hatte, die er „Lone Tree" nannte, von der man ein Stück abseilen konnte. Dann könnte man sich mit den Macheten vielleicht schon ein Stück durch das Gestrüpp durcharbeiten. Das würde dann der nachrückenden B-Gruppe Zeit einsparen. Mit dieser Methode könnten sich praktisch die beiden Gruppen wieder annähern, da die einen den Weg für die anderen vorbereiteten. Das war ein an sich vernünftiger Vorschlag, Zeit zu sparen.

Ob der Colonel dem allem zustimmte, konnte nicht geklärt werden. Er hatte sich eine Erkältung zugezogen, was wohl auch ein Grund für seine Zögerlichkeit war. Er hatte nicht den Kopf für sorgfältige Überlegungen. Seine knappen Äußerungen wurden unterschiedlich interpretiert.

Die A-Gruppe hatte den ganzen 25. auf die anderen gewartet. Sie waren enttäuscht und genervt, dass diese, bis auf Mann, nicht auftauchten. Sie waren sich einig, dass man mit der „Halbes-Gewicht-Methode" viel zu langsam vorwärts kam und womöglich nicht in den verbleibenden 8 Tagen, solange hatte man noch Proviant, durch Low's Gully hindurch kommen würde. Man kam deshalb zu dem Entschluss, nicht länger auf die anderen warten zu wollen und weiterhin den Voraustrupp zu machen, der den Weg finden und für die anderen markieren sollte. Das würde der Gruppe B jedenfalls Zeit ersparen.

Diese Entscheidung war bereits bestimmt von der Überlegung, dass die gemeinsame Zielerreichung gefährdet war. Vielleicht meldete sich bereits ganz schwach ein Stimmchen, dass es um mehr ging als nur das Erreichen des Ziels. Die eigentlichen Schwierigkeiten des Abstiegs durch die Schlucht lagen noch vor ihnen, das war jedem klar. Zumindest bis zu den sogenannten New's Pools war die Strecke ja bekannt. Aber wie war es mit der Ernsthaftigkeit des Unternehmens? Hingen die Unversehrtheit und die Sicherheit der Männer nicht davon ab, dass man jetzt nur noch richtige Entscheidungen traf? Kam es jetzt nicht darauf an, schnell und richtig zu entscheiden und zügig und professionell die Aufgaben anzugehen? Die Aufgabe lautete, sich unfallfrei durch die Schlucht nach unten zum Ausgang hin vorzuarbeiten. Und dafür hatte man jetzt noch acht Tage Zeit. Die Zeit lief unerbittlich, also mussten sie auch zusehen, dass sie weiter kamen.

Die Gruppe A verließ Table Rock am 26.2., dem dritten Tag der Expedition, nach dem Frühstück. Die Gruppe B traf dort gegen 11.00 Uhr ein. Neill war jetzt so krank, dass er die nächsten 24 Stunden nicht aus seinem Schlafsack herauskam. Der einzige, der jetzt klar erkannte, dass die ganze Expedition gefährdet war, war Foster, denn wenn es Neill nicht bald besser ging, mussten ihn vier Mann - die komplette B-Gruppe - zurücktragen, während die A-Gruppe nicht informiert war, solange keiner von ihnen den Kontakt zur B-Gruppe herstellte. Darauf wartete Foster vergeblich. Er schickte zwei Chinesen nach House Boulder hinunter, um mit der Gruppe A Kontakt aufzunehmen oder eine Nachricht für sie zu hinterlassen. Doch die waren schon längst weiter.

Inzwischen war die Gruppe A über Lone Tree hinaus zu den ersten beiden Abseilstellen gekommen. Sie seilten sich über 60 Meter ab und schlugen ihr Lager auf. Mayfield erkundete wiederum, wie die Strecke unterhalb von ihnen beschaffen war. Er war der schnellste und sicherste Kletterer unter ihnen. Es sah danach aus, dass man nach weiteren drei Abseilvorgängen den Grund der Schlucht erreichen würde. Das war ein Irrtum, wie sich herausstellen würde.

Die Gruppe befand sich jetzt auf einer Höhe von ungefähr 3160 Metern. Das war wenig, da nun schon der vierte von insgesamt zehn geplanten Expeditionstagen verbraucht war. Pinfield und New hatten bis zum Grund der Schlucht nur zweimal abseilen müssen. Sie hatten kein schweres Gepäck dabei, das sie behinderte. Das hatte sie schnell gemacht. Aber vom Grund der Schlucht war die Gruppe A noch weit entfernt. Sie hatte in vier Tagen das erreicht, was New und Pinfield an einem Tag geschafft hatten! Und die waren in Low's Gully insgesamt gescheitert! Und auch Lex und ich würden diese Strecke in weniger als einem Tag bewältigen. Allerdings hatten wir den Vorteil der von Jungle Heights bereinigten Wege.

Am frühen Morgen des 27.2., dem vierten Tag, machte sich Foster auf den Weg, um die Gruppe A zu erreichen. Die Notiz, die die Chinesen bei ihrem Erkundungsgang vom Vorabend unterwegs niedergelegt hatten, lag noch da. Das bedeutete, dass die Gruppe A von sich aus keine Versuche mehr zu unternehmen schien, wieder Kontakt herzustellen. Es war aber auch klar, dass dies umso schwieriger war, desto steiler das Gelände war. Abseilstellen sind leicht und schnell zu bewältigen, aber nur in die eine Richtung. Dass Gruppe A sich bereits abgeseilt hatte, sah man an dem Fixseil. Foster und Neill kannten die Strecke, die New und Pinfield bezwungen hatten, von deren Beschreibung. Er wusste, dass dies das erste steile Stück mit einer Höhe von fünfzig Metern war. Und er wusste auch, dass hier New und Pinfield noch frei geklettert waren.

Spätestens jetzt hätte er wissen müssen, dass sie sich auf ein schwieriges Unternehmen eingelassen hatten, mehr noch ein Unternehmen, das nicht für sie geschaffen war.

Foster hinterließ an der Abseilstelle eine Nachricht für die Gruppe A, auf der er zum Ausdruck brachte, dass es wichtig war, Kontakt aufzunehmen. Mayfield gab sich unterdessen der Illusion hin, dass alles doch gut aussah. Noch zwei oder drei Abseilstellen, dann war man ja – seiner Meinung nach - auf dem Grund der Schlucht. Doch um dort hinzugelangen und Fixseile anbringen zu können, brauchte er mehr Seile. Oder er müsste die Seile durchziehen, damit sie wiederverwendet werden konnten. Das aber hätte bedeutet, dass man nicht mehr zurück konnte. Denn man hätte klettern müssen, in einem Schwierigkeitsgrad, den die meisten nicht beherrschten! Mehr Seile hatte die B-Gruppe. Mayfield war also gezwungen, wieder nach oben zu steigen, um sich die Seile zu holen.

Was Mayfield als Grund der Schlucht, sechzig Meter unter ihrem jetzigen Standpunkt ausgemacht zu haben glaubte, war nichts weiter als eine Terrasse zu einem noch viel steileren Abgrund. Und da begannen erst die eigentlichen Schwierigkeiten!

Mayfield traf unterwegs Foster, aber da er es eilig hatte, ließ er ihn hinter sich und stieg nicht zusammen mit ihm hoch zu den anderen. Deshalb war Foster an der Unterhaltung zwischen Neill und Mayfield nicht beteiligt. Neill, der sich inzwischen ziemlich erholt hatte, war erfreut den Kletterexperten des Teams wieder zu sehen und von diesem auch noch zu vernehmen, dass es – so stellte es Mayfield dar - nur noch wenig Schwierigkeiten geben würde, zum Grund der Schlucht zu gelangen. Mayfield wollte dort hinuntersteigen und die Abseilstellen für die Gruppe B hinterlassen, so dass diese schneller folgen könnte.

Der Colonel war einverstanden, sagte aber, dass man sich am Abend am Ende dieser Abseilstrecken treffen würde. Daraufhin erklärte Mayfield, dass man das Problem mit dem Proviant haben würde, wenn man zu langsam vorgehen würde, er könnte nicht länger als bis zum Morgen des 28. Februar warten. Er ahnte wohl schon, dass der Colonel nicht das liefern können würde, was er versprach.

Neill hatte das nicht als Ultimatum verstanden, da das ja eine militärische Expedition und er der Befehlshaber war. Er nahm das hin als Bedenken, Meinungskundgebung eines Subalternen, nicht als Absichtserklärung. Bisher hatte er immer alle Bedenken zurückgewiesen. Das kannte man ja schon. Mayfield glaubte hingegen, so handeln zu müssen wie es im Sinne der Expedition richtig wäre. Wenn man am nächsten Morgen schon den Grund der Schlucht erreichte, gab es wohl auch keine größeren Schwierigkeiten mehr.

Diese Missverständnisse aufgrund von mangelhafter Kommunikation, dazu die Verhältnisse zwischen althergebrachter Führung und ambitioniertem Unterführer, der den besseren Blick auf die Realität hat, oder es zumindest annimmt, gab es auch hier wieder. Eine frappierende Ähnlichkeit liegt bei den Ereignissen um die Überschreitung des Nanga Parbat von Reinhold Messner vor, bei der dessen Bruder ums Leben kam. Der damalige Expeditions-leiter, selber kein Bergsteiger, wollte nach altem Militärstil führen, aber einem ehrgeizigen Könner wie Messner, der den übrigen mental und physisch überlegen war, bedeutete das nur eine Eingrenzung seiner Möglichkeiten.

Mayfield nahm drei Seile und ging zurück. Die Gruppe B erreichte House Boulder um 10:30 Uhr, am 27.2. Sie waren jetzt erst auf einer Höhe von 3290 Metern. Mayfield hatte auf die Notiz von Foster etwas dazugeschrieben:

„No can do, retreat", aber „retreat" war durchgestrichen. Was bedeutet das? Das Fixseil war noch da. Sie seilten ab, ließen das Seil hängen und seilten das nächste kürzere Stück ab. Zur Unterstützung der unerfahrenen Chinesen, war noch ein zweites Seil angebracht worden. Als dieses sich beim Abziehen verfing, musste Neill hochklettern und es lösen. Dieses mühselige Prozedere verlangsamte das Fortkommen zusätzlich.

Es folgte eine weitere Abseilstelle, die Mayfield eingerichtet hatte. Durch die Vorrichtung lief ein Seil, an das ein weiteres gebunden war. Damit war klar, dass es eine Abseilstelle war, die länger als 25 Meter nach unten reichte. Mit zwei 50 Meter Seilen konnte man maximal 50 Meter abseilen. Unten fanden sie eine Notiz, die sie daran erinnerte, das Seil abzuziehen. Doch das misslang, weil es oben irgendwo festhing. Da sich keiner in der Lage sah, hochzuklettern, beließ man es für heute dabei.

An Ort und Stelle machte man Rast, auf einem schmalen Sims.

Man stellte erstaunt fest, dass man gar nicht auf dem Grund der Schlucht angekommen war. Man hatte sich optisch täuschen lassen, der Grund der Schlucht lag noch tiefer. Wie tief, wusste man nicht. Die Gruppe A hatte auch hier eine Nachricht hinterlassen. „half way to getting wet".

Dieser Rastplatz der B-Gruppe war dann auch drei Wochen später unser Lagerplatz, bevor wir wieder umkehrten. Wäre doch Gruppe B auch zu diesem Entschluss gekommen! Ich wäre dann nie zu dieser Stelle in Low's Gully gekommen. Und ich hätte nicht diese Geschichte niedergeschrieben. Aber etlichen Menschen wäre es besser ergangen.

Mayfield war in der Zwischenzeit noch ganze sechs nahezu senkrechte Abseilstrecken tiefer und erst dort auf dem Grund der Schlucht angelangt. Er hatte also über den Punkt hinaus weiter abgeseilt, den Lex erkundet haben würde, wenn es nicht angefangen hätte zu regnen. Für Gruppe A war es sinnlos zu versuchen von dort unten wieder hochzuklettern. Das bedeutete aber, dass die Gruppe B keine Unterstützung von ihrem Kletterexperten erwarten konnte. Mayfield hatte vom Colonel die Anweisung bekommen, bis zum Grund der Schlucht vorzustoßen, als noch jeder dachte, dieser wäre schnell erreicht, dabei handelte es sich nur um die Terrasse auf nicht einmal halbem Weg nach unten. Der tatsächliche Boden der Schlucht befand sich auf einer Höhe von knapp 3000 Metern.

Was niemand wusste, der Penataran River lag noch beinahe 2.000 Meter tiefer und die eigentlichen Schwierigkeiten lagen noch vor ihnen. Und weil das niemand wusste und auch Mayfield es nicht annehmen konnte, unterblieb die spätestens jetzt von Mayfield an den Colonel mitzuteilende dringende Bitte, umzukehren. Sie hätte aber auch schon aus einem anderen Grund kommen müssen.

Um 17:00 Uhr am 27.2. schlug die A-Gruppe ihr Lager auf. Am nächsten Morgen, hatte Mayfield angekündigt, müsste die Gruppe B spätestens bis zu ihnen vorgestoßen sein, weil er sonst befürchtete, zu viel Zeit zu verlieren. Das bedeutete doch aber im Umkehrschluss, dass Gruppe B sowieso schon zu langsam sein würde und lieber gleich umkehren sollte. Diesen Schluss zog aber niemand.

Etwa zur gleichen Zeit hatte Gruppe B bereits ihr Lager auf dem Felssims stehen. Es wäre noch Zeit gewesen, die restliche Strecke bis zur Gruppe A abzuseilen, bevor es dunkel wurde. Aber Neill hatte vor, das feststeckende Seil am nächsten Morgen noch abzulösen. Und außerdem waren sie erschöpft. Fünf Tage waren vergangen. Die Männer berieten sich. Sie hatten noch fünf Tagesrationen und waren am designierten Point of no return, New's Pools, noch nicht angekommen. Von dort hatten New und Pinfield sich seitlich durch die Büsche geschlagen und dafür drei Tage gebraucht. Irgendwie braute sich etwas Finsteres zusammen. Aber keiner wagte so richtig, daran zu denken.

Es war den Männern der Gruppe A klar, dass man nicht weiter auf die Gruppe B warten konnte. Man musste sich beeilen, vorwärts zu kommen. Sie waren auch bereit, davon auszugehen, dass die Gruppe B ähnliche Gedanken hatte und es daher vorziehen würde, sich zurückzuziehen. Vor den letzten sechs steilen Abseilstrecken war das noch möglich. Hier wäre Kommunikation dringend erforderlich gewesen. Aber man hatte ja keine Funkgeräte mit. Sie hätten hier die entscheidenden Dienste geleistet.

Aber hätte der Colonel den Befehl zum Rückzug für Gruppe B gegeben? Das ist sehr fraglich. Noch wusste niemand, dass die eigentliche Leidenstour erst mit dem Erreichen des Bodens der Schlucht beginnen würde. Im Nachhinein kann man sagen, dass sich der zwischen Gruppe A und B liegende Steilabfall an der falschen Stelle befand. Dass sich allmählich zwischen den beiden Gruppen auch ein anderer, nämlich psychologischer Steilabfall auftat, hatte auch noch niemand so richtig bemerkt.

Um 6:30 Uhr am nächsten Morgen, am 28.2., saß Gruppe B beim Frühstück. Neill rechnete damit, dass Mayfield auftauchen würde. Aber er kam nicht. Neill kletterte mit Hilfe eines Jumars, eines Klettergerätes, am Seil hoch und löste das Seil, das sich am Vortag verklemmt hatte. Jetzt hatten sie zwar das Seil, aber der Rückweg war damit abgeschnitten. Jetzt ging es nur noch nach unten. Es gab kein Zurück mehr, denn zum Hochklettern fehlten ihnen die materiellen und persönlichen Voraussetzungen.

Keiner ahnte, in was für einer misslichen Situation sie sich damit befanden. Keiner wusste, dass es ab jetzt um Leben und Tod gehen würde.

Wie sich herausstellen sollte, war auch der Schluchtgrund keine Wanderstrecke. Ganz im Gegenteil warteten weitere Abseilstrecken auf sie, weil es weglos abwärts ging. An den eingerichteten Abseilstellen erkannte Gruppe B, wohin es ging. Diese Zeitersparnis brauchten sie aber wegen ihrer Langsamkeit wieder auf.

Dort wo es zwischendurch flacher wurde, sah es nicht unbedingt einladender aus als an den Felswänden drum herum. Die Enge des Raumes war noch vollgestopft mit Felsbrocken in allen Größen. Sie lagen oft so eng aneinander, dass es schwierig war, sich zwischen ihnen durchzuzwängen, immer wieder musste man nach außen ausweichen, wo am Rand der Schlucht die Böschung zwar Halt gab, das Fortkommen aber zugleich erschwerte, wenn es nicht möglich war, bergab zu rutschen und die Rucksäcke als Bremsen zu benutzen. Die völlige Abwesenheit von Gewächsen auf dem Grund der Schlucht zeigte, dass hier bei Regenwetter ein breiter, reißender Strom fließen musste.

Wegen des fortwährenden Gefälles blieb dieser Ort eine gefährliche Falle. Die Männer beschlich ein ungutes Gefühl bei dem Gedanken, hier von schlechtem Wetter überrascht zu werden. Auf beiden Seiten ragten die Felswände 600 Meter hoch in die Senkrechte, bei 1200 Meter konnten sie den Saum des Gipfelplateaus nur erahnen.

Neill und Foster diskutierten, wie es sein konnte, dass New und Pinfield bis hierher nur zwei Abseile benötigt hatten, wo es bei ihnen schon ein gutes Dutzend war. Vielleicht dämmerte es den beiden Offizieren allmählich, dass dieser New seine eigenen Leistungen doch etwas zu wenig gewürdigt hatte, dabei war es Neill selbst, der Warnungen von New und Powell und sogar seinen eigenen Leuten als übertrieben empfunden hatte.

Aber noch war die Stimmung in der Gruppe B gut. Hatten sie nicht eine ganze Menge erreicht? Und deshalb gratulierten sie sich „We have made it!" weil sie glaubten, dass sie es geschafft hatten, dass sie zumindest aus dem Gröbsten heraus waren. Ein seltsamer Gedanke, zeigte doch der Höhenmesser des Colonels bei ihrem nächsten Lager nur 2780 Meter. Eigentlich war doch klar, dass da noch was kommen musste!

Am nächsten Morgen brauchten Neill und Foster zwei Stunden, bis sie die Seile der letzten Abseilstelle geborgen hatten. Sie arbeiteten sich weiter durch das enge Flussbett, von Fels zu Fels, auf der einen Seite kletterten sie hoch, auf der anderen Seite rutschten sie herunter oder sprangen, wenn die Lücke zwischen zwei Felsen nicht zu groß war.

Am Nachmittag begann es zu regnen. Sofort wurden die Felsen rutschig und die Pools füllten sich mit Wasser. Die Männer suchten einen überhängenden Felsen als Schutz für die Nacht. Erst jetzt begann Neill sich Sorgen zu machen. Denn ab morgen hätten sie nur noch Verpflegung für drei Tage. Heute hatten sie nur 200 Höhenmeter gemacht. Unterdessen war Gruppe A längst an New's Pools angekommen.

Am nächsten Tag, es war der 3.3., war es immer noch nass. Zwei der Chinesen verletzten sich bei Stürzen. Um 17.00 Uhr begann es wieder zu regnen. Sie waren bis auf 2.200 Meter abgestiegen, als sie bis zu einem riesigen Überhang kamen, den Neill Battleship Cave taufte. Es wurde der Abend der achten Nacht. Neill wies die Männer an, ihre verbleibenden zwei Tagesrationen zu strecken.

Er rechnete damit, dass sie noch einen Tag bis New's Pools benötigten und dann noch drei Tage. Inzwischen war es nicht realistisch, noch darauf zu hoffen, dass sie zur A-Gruppe aufschließen konnten, es sei denn, Gruppe A würde bei New's Pools auf sie warten. Das hoffte Neill.

Am nächsten Tag, dem 4.3., war es Foster, der stürzte. Seine Rippen wurden stark in Mitleidenschaft gezogen. Daher wurde auf 2.025 Metern Höhe gerastet. Der 9.Tag war vergangen. Unter den Soldaten aus Hongkong regten sich Zweifel über den glücklichen Ausgang des Unternehmens. Neill versuchte sie zu beruhigen:

„Das ist kein Notfall! Wir müssen nur unser Essen einteilen." Er war sich jedoch mit Foster einig, dass es kritisch geworden war, da der Regen das Fortkommen noch weiter erschwert und verlangsamt hatte. Sie waren jetzt schon den zweiten Tag auf dem Schluchtgrund und hatten immer noch nicht New's Pools erreicht. Es war der Tag, an dem sie wieder beim Parkhauptquartier sein wollten.

Am 5.3. begann es schon morgens wieder zu regnen. Das Fortkommen über den glitschigen Fels war schwierig und gefährlich. Jeder hatte längst zahlreiche Blessuren. Sie erreichten New's Pools und waren nicht lange darüber erfreut. Von Gruppe A war nichts zu sehen. Vor ihnen lagen zwei zwanzig Meter lange Pools, die von steilen blankgeschliffenen Granitwänden flankiert waren. Diese verjüngten sich nach unten bis auf eine Weite von einem Meter. In diesem Keil steckte ein Fels vor dem zweiten und nach dem ersten Pool. Um diese natürliche Blockade herum, darüber und darunter floss das Wasser. Das ganze Wasser der Schlucht musste durch diesen Engpass und dahinter fiel es senkrecht in die Tiefe. Was dahinter folgte, konnten sie von ihrem Standort nicht sehen.

New und Pinfield hatten damals die Vegetation über dem Kanal erklommen, um sich einen Überblick zu verschaffen. Das hatte ihnen ausgereicht, sich dafür zu entscheiden, nicht mehr weiter nach unten vorzustoßen. Es kam eine Reihe enger Schlünde, in denen das Wasser nach unten stürzte, jeweils jeder 10 bis 15 Meter in der Höhe. So viel konnte man von oben sehen. Etwas für Canyonforscher, aber nicht für Bergsteiger. Wer hier weiter wollte, wurde unweigerlich nass. New und Pinfield hatten die Wände erklommen, Halt fanden sie an der Vegetation. Sie waren seitlich ausgebrochen und hielten trotz extremer Schwierigkeiten diesen Kurs bei. Aber da hatten sie trockene Bedingungen. Jetzt war alles nass.

Es gab auch hier bei den Pools eine Abseilstelle, wie Gruppe B an einer blauen Schlaufe erkennen konnte. Außerdem hing ein Stück Seil an einer anderen Stelle. Irgendwie hatte die A-Gruppe versucht, nicht in den Pool hinein abseilen zu müssen. Wie ihnen das gelungen war, das war nicht zu erkennen. Es gab für die B-Gruppe jedoch keinen erkennbaren Weg, der nicht durch die Pools hindurchführen würde. Wiederum kam starker Regen. Der Wasserstand war ständig gestiegen. Normale Konversation war nicht mehr möglich, so sehr lärmte das Wasser.

Die Zuversicht, die die beiden Offiziere noch bis vor kurzem aufrechterhalten hatten, wurde von den tosenden Wassermassen hinweggeschwemmt und wich einem unangenehmen Gefühl, das sich immer mehr in ihnen ausbreitete. Sie hatten hier ein ernsthaftes Problem. Sie waren „gestrandet".

Die Schlucht war gar nicht zu Ende, sie setzte sich ja weiter fort Sie zeigte jetzt ihre wahre Natur. Hier hatten Menschen nichts verloren und das zeigte sich jetzt nur zu deutlich. Über die Klippe zu gehen, wäre unter den jetzigen Verhältnissen nur Lebens-müden in den Sinn gekommen. Es war klar, dass die A-Gruppe viel Seilmaterial verbraucht hatte. Aber irgendwie schienen sie es, da am Vortag noch bessere Wetterbedingungen geherrscht hatten, weitergeschafft zu haben. Würden sie sich jetzt durch den Wasserfall hinunter abseilen, wäre es nahezu ausgeschlossen, wieder hoch zu kommen. Wer über die Klippe ging, musste sich wie ein Lemming vorkommen.

Man konnte förmlich die Gefahr riechen, die von dieser Stelle ausging und die Drohungen aus den donnernden Wassermassen heraushören. Und was einen unten erwartete, war auch ungewiss. Es war möglich, dass man dann weder vor noch zurück konnte und im Wasserbad gefangen blieb.

Die Chinesen nahmen den Offizieren die Entscheidung ab. Sie hatten entschieden, nicht mehr weiter zu gehen. Sie sahen klar, dass das, was vor ihnen war, ihre Möglichkeiten übertraf. Die Stunde hatte geschlagen, den Rückzug anzutreten. Dafür kam nur der Notausstieg in Frage, den New und Pinfield genommen hatten. Jetzt hätten sie die Macheten gebrauchen können, die bei der A-Gruppe waren. Sie gingen wieder ein Stück die Schlucht hinauf, wo die Wände nicht mehr so steil und mit Vegetation bewachsen waren. Es goss derweil in Strömen. Die Wände waren immer noch zwischen 70 und 80 Grad steil. Das Strauchwerk war in glitschigem Morast verwurzelt. Sobald man es belastete, gab es nach und rutschte mitsamt Mann weg, riss so auch noch den nachfolgenden Mann mit. Zum Glück kamen sie immer wieder rechtzeitig zum Halt. Sonst wären sie abgestürzt.

Es war ein aussichtsloses Unterfangen. Auf diese Weise waren sie schnell durchnässt und verschlammt. Außerdem kosteten diese nutzlosen Versuche viel Kraft. Sie kehrten daher wieder um und suchten unter einem Überhang Schutz vor dem Regen. Es regnete die ganze Nacht durch. Das Schreckgespenst der Hypothermia, der lebensbedrohlichen Unterkühlung, war aufgetaucht.

Bis zum nächsten Morgen, dem 6.3., hatte sich die Schlucht in einen reißenden Strom verwandelt. Die Offiziere verstanden, dass sie eine echte Notsituation hatten, die Rettungsmaßnahmen notwendig machte. Endlich war ihnen ein Licht aufgegangen in ihren britischen Armee-Dickschädeln. Sie steckten in der Klemme und zwar so gewaltig, dass es auf einmal vorbei war mit Stolz, Überheblichkeit, Ehrgehabe. Oder doch nicht?

Der Überhang, unter dem sich die Männer zusammenkauerten, bildete die einzige ebene Fläche. In sein Tagebuch schrieb Foster, dies sei der geeignete Platz für eine Hubschrauberlandung. Es war ihnen klar, sie konnten den gleichen Weg, auf dem sie in die Schlucht gekommen waren, nicht wieder zurück, denn die Abseilstrecken waren in umgekehrter Richtung nicht zu machen, da sie das Seil durchgezogen hatten.

Einiges ging ihnen durch den Kopf, was sie gestern noch zurückgewiesen hätten. Hatte der Parkbedienstete nicht im Scherz gesagt: Wenn ihr nicht wieder auftaucht, werden wir nach euch suchen müssen! Jetzt war es kein Scherz mehr! Auch hatten sie mit Robert New verabredet, am 8.3. zusammen einen zu trinken. Wenn sie nicht kamen, würde er hoffentlich Alarm schlagen. Und bei Powell, dem Reiseveranstalter, hatte Neill einen Teil seiner Ausrüstung zurückgelassen. Die militärischen Stellen in Hongkong und England würden auch bald Verdacht schöpfen, ganz zu schweigen von ihren Familien.

Jetzt hatten sie alle Zeit, verschiedene Gefühle zu entwickeln; den Ärger darüber, jetzt nichts mehr tun zu können und auf die Hilfe anderer angewiesen zu sein, zum Beispiel. Die Sorge darum, all die wichtigen Dinge des Lebens, die man zumindest für die nächsten Wochen geplant hatte, und auch die, die man nicht geplant hatte, nun vielleicht doch nicht mehr tun zu können. Und Angst? Noch nicht so richtig. Sie lässt sich manchmal Zeit, sich aufzubauen. Angst um die Existenz, Angst was nach dem Leben kommt. Und vorher schon die Angst, wie es sein wird, wenn man das Leben so allmählich aus der Hand gibt.

Auf dem Dach des Überhangs formten sie eine Nachricht aus Steinen: SOS, in der Hoffnung, dass man es aus der Luft erkennen würde. Das war das deutliche Zeichen für jeden da draußen, aber auch für sich selber das Eingeständnis, dass sie in ernsthaften Schwierigkeiten waren. Jetzt würden ihnen weder britisches Understatement noch Überheblichkeit, oft zwei Seiten derselben Medaille, weiter helfen. Jetzt war es keine Militärexpedition mehr, sondern ein Desaster, eine beschämende Notlage! Aber das alles trat nun in den Hintergrund, denn zuerst galt es weiterzuleben! Ohne Weiterleben keine Abrechnung.

Aber auch diese späte Erkenntnis änderte nichts, denn wieder folgte schwerer Regen. Neill schrieb in sein Tagebuch: „Ich war klar überambitioniert!" Ein spätes Eingeständnis!

7. Kapitel: Von nun an ging`s bergab

Wie war es der A-Gruppe an gleicher Stelle ergangen? Als sie New's Pool erreichten, erkannte Mayfield sofort, dass sie das bisher schwierigste Stück der Reise gerade vor sich hatten. Die Gruppe war sich aber einig, weiter gehen zu wollen. Der Gedanke, den ganzen Weg wieder zurückzugehen, war nicht verlockend, zudem ging man nach wie vor davon aus, dass das Ende der Schlucht und der Beginn des Penataran Rivers jedenfalls viel näher lag, als der Eingang der Schlucht. Auch wenn New's Pools noch 2.000 Meter hoch lag und man deshalb eins und eins hätte zusammenzählen können.

Die Verhältnisse waren trocken. Aber wie lange noch? Man würde sich beeilen müssen, um sich nicht der Gefahr auszusetzen, von einer Wasserflut weggespült zu werden. Die Felsen zeigten deutlich an ihrer schmierig grünen Schicht, wie hoch das Wasser häufig stand. Am häufigsten schien es deutlich über dem jetzigen Wasserstand zu stehen. Das war nicht besonders ermutigend. Die folgenden Passagen nahmen sie teils abseilend, teils springend, rutschend, schwimmend. Manchmal hatten sie alles unter Kontrolle, öfters aber nicht. Später würden sie freimütig bekennen, dass es großes Glück war, das Ganze weitgehend unverletzt überstanden zu haben.

Sie zogen ihre Kleider bis auf die Shorts aus und verstauten sie in ihren wasserdichten Biwaksäcken, dann machten sie sich an die erste Abseilstrecke der „Poolstrecke", die direkt in den ersten Pool hineinführte. Sie wussten, jetzt gab es auch für sie kein Zurück mehr. New's Pools waren der Point of no return. Was jetzt vor ihnen lag, war sehr gefährlich und riskant. Wenn sich auch nur einer schwer verletzte, hatten sie ein ernsthaftes Problem. Aber sie hatten keine andere Wahl.

Es ging von jetzt an in unbekanntes Gebiet, das noch kein Mensch betreten hatte. Nach New's Pools kam eine Serie von Wasserfällen, die zwischen 10 und 15 Metern hoch waren. Diese versuchten sie noch nach der bisher bewährten Methode zu bewältigen, was schwer und mühselig genug war. Und es kostete Zeit.

Dann ging man dazu über, zuerst den Biwaksack ins Wasser zu werfen und dann selber hinterher zu springen. Solange das Wasser tief genug war, würde es keine Probleme geben. Aber nicht immer war sichtbar, ob unter der Wasseroberfläche ein Felsen lauerte. Alle Prinzipien von Armeeübungen über Sicherheitsvorkehrungen, Lernerfolg und dem Ziel der Erquickung waren längst vergessen. In dieser Schlucht ging es nicht mehr um Training, sondern ums Überleben. Es war ein Wettlauf mit der Zeit.

Gegen sechs Uhr abends am 2.3. hatten sie einen Wasserfall erreicht, dessen unteres Ende sie nicht einsehen konnten. Das Wasser verschwand in einem Schlund. Acht Stunden waren sie schon mehr im Wasser als außerhalb davon unterwegs. Sie hatten nur noch zwei Seile, eines davon hatte einer der Männer in seinem Biwaksack und der schwamm versehentlich schon unten im Wasserbecken. Er musste sich abseilen und mit vereinten Kräften zog man ihn und den Biwaksack hoch. Alle waren erschöpft und halb erfroren, das allgemeine Befinden war erbärmlich. Zu allem Überfluss war auch noch alles durchnässt. In der engen Schlucht gab es nur zeitweise Sonnenlicht, das wärmen und trocknen konnte.

Am nächsten Morgen beriet man sich, ob man nicht versuchen sollte, seitlich auszuweichen. Die Aussicht darauf, einen weiteren Tag in dieser horrenden Schlucht nach der gleichen riskanten Methode vorzugehen und das Glück herauszufordern, war betrüblich. Sie mussten versuchen, den Wasserfall irgendwie zu

169

umgehen. Mayfield musste dazu die Seilsicherungen an der Vegetation, dem Buschwerk oder den kleinen Bäumen an den Seiten der Schlucht anbringen. Eine sehr aufwendige und gefährliche Arbeit. Biwaksäcke und Männer wurden getrennt gezogen, weil das System äußerst fragil war. Das kostete wiederum Kraft und Zeit. Ohne Mayfield wären die Männer auf verlorenem Posten gewesen. Der Kompass war schon am Tag zuvor kaputt gegangen, die Fotokopien der Landkarte durch das Wasser unleserlich geworden. Auch wenn sie sich seitlich an der Schlucht aufhielten, trocken blieben sie dennoch nicht, denn am Nachmittag begann es wieder zu regnen. Sie hatten ein wenig die Orientierung verloren. Deshalb, und weil sie wieder Trinkwasser brauchten, gingen sie zurück in die Schlucht.

Am 4.3. seilten sie wieder in die Schlucht hinein ab. Es folgten gleich zwei weitere schwierige Abseilstrecken. Es gelang ihnen jedoch zunächst nicht, den Weg weiter die Schlucht hinab zu finden. Sie hatten jetzt zu berücksichtigen, dass sie nur noch zwei Seile hatten. Sie konnten es sich nicht mehr leisten, ein Seil zurückzulassen.

Und nun stürzte auch noch einer der Soldaten ab, als die Abseilstelle nachgab. Er zog sich dabei mehrere Schnittverletzungen zu, aber glücklicherweise keine Knochenbrüche. Er war in der Lage, sich weiter fortzubewegen. So blieb der Gruppe erspart, sich abermals aufzuteilen. Mayfield, der bisher die Gruppe geführt hatte, versetzte der Zwischenfall dennoch einen Schock. Allen war klar, wenn sich einer von ihnen eine schwere Verletzung zuzog, musste er zurückgelassen werden.

Diese Situation muss sich jeder, der auf einer Expedition in der Wildnis ist, vor Augen führen. Da ich auf meinen Dschungeltouren meistens alleine bin und mich häufig nur durch Flussbette vorwärtsbewegen kann, versuche ich unter allen Umständen, unnötige Risiken beim Klettern und Springen zu vermeiden. Ein

Fehler kann fatale Folgen haben, denn auf allen Vieren, geschweige denn einem Teil davon, kommt man nicht weit.

Regenwaldgebiete sind oftmals nur noch dort übrig geblieben, wo der Mensch einen schwierigen Zugang hat, also bei Gebirgszügen. Je schwieriger das Gelände, desto größer sind die Chancen, dass Siedler sich dort nicht hinbegeben. Die Schwierigkeit, die andere abschreckt, ist aber genau diejenige, die dann der Dschungel-Expeditionsreisende antrifft. Flüsse, die sich in einem Dschungelgebiet bilden, das über Höhenzüge oder Berge läuft, sehen alle gleich aus. Der Fluss hat Felsbrocken von unterschiedlicher Größe zu Tage getragen, rund geschliffen und wahllos unterwegs abgeladen. Daher sind Bergflüsse nie schiffbar und eignen sich meist noch nicht einmal für River Rafting. Canyoning ist hier die einzig durchführbare Sportart.

Die Gruppe A kämpfte sich weiter, bis sie einen Ruheplatz für die Nacht gefunden hatte. Sie fingen sich die ersten Blutegel ein. Diese blutrünstigen Tiere würden jetzt vor allem in der Nacht alle Zeit haben, sich an ihre Opfer heranzupirschen. Noch waren sie nicht in Tiefen gekommen, sodass Moskitos eine große Plage gewesen wären. Das würde später noch auf sie zukommen. Drei der Soldaten würden sich Malaria zuziehen.

Am 5.3. ging es weiter. Zwei Abseilstrecken bewältigten sie durch das Zusammenknüpfen der Seile. Ein Blick zurück zeigte ihnen, dass sie dadurch einen großen Wasserfall umgangen hatten. Sie kehrten wieder zur alten Methode zurück, sich von Felsen zu Felsen vorzuarbeiten. Dann erreichten sie wieder einen Wasserfall, den Mayfield auf 150 Meter Höhe schätzte. Vermutlich handelte es sich um die beiden Wasserfälle, die unmittelbar vor dem Penataran gelegen sind und zusammen ungefähr so hoch sind wie Mayfield sie schätzte. Wieder kletterten sie in östliche Richtung aus der Schlucht hinaus. Shearer, der gestürzt war, hatte Schwierigkeiten damit, Schritt zu halten. Er bat entnervt darum, zurückgelassen zu werden. Man könnte ihn ja mit einem Helikopter herausholen.

Doch dann gab es wieder Hoffnung. Sie trafen völlig überraschend auf einen Pfad. Ein Tierpfad? Daran dachte niemand. Vielleicht war es ein Pfad, den Menschen, vielleicht Jäger, benutzt hatten. Das ließ hoffen, dass die Zivilisation oder ein Dorf nicht mehr weit war. Sofort stieg die Zuversicht der Männer. Sie hatten alle kaum noch Kraft und die Moral war längst am Boden. Doch jetzt, mit einem Mal, erschien alles in einem viel günstigeren Licht. Jetzt erst konnten sie sicher sein, dass sie das Schlimmste überstanden hatten und keine große Gefahr mehr drohte.

Inzwischen war Shearer ein zweites Mal gestürzt. Nur mit Mühen konnte er sich in Begleitung von Brittan auf den Beinen halten. Das Terrain war immer noch schwer. In der Nacht regnete es ununterbrochen. Die Männer teilten sich die letzten Rationen Proviant. Sie waren nass und froren. Blutegel krochen in ihr Lager und saugten ihnen weitere Energie aus den ausgemergelten Körpern. Shearers Fuß war angeschwollen. Er redete konfuses Zeug. Während der letzten vier Tage hatte die Gruppe nicht mehr als einen halben Kilometer Geländegewinn gemacht. Eine unvorstellbare Plage!

Am 6.3. machten sich Mann und Mayfield früh auf. Da sie nicht wieder die anderen um ihr Frühstück bringen wollten, gingen sie voraus. Sie folgten weiter dem Pfad. Sie ließen einen Teil ihrer nun nutzlos gewordenen Sachen zurück. Später würde die Untersuchungskommission sie fragen, warum sie Regierungseigentum aufgegeben hätten. Ordnung muss sein! Aber die beiden hatten andere Sorgen. Mayfield fand den Dschungel unheimlicher als das Schluchtbett, da er sie ringsum einschloss und oft auch den Blick nach oben bis auf ein kleines Stück nicht freigab. Ihn bedrückte diese Monotonie des Grüns.

So ergeht es vielen, die sich lange Strecken durch einen Urwald fortbewegen. Irgendwann möchte man ankommen. Stattdessen wirken das Meer der Blätter und das Gewirr an Ästen zunehmend unfreundlicher und irgendwann bedrohlich, bis es zur grünen Hölle wird, der man nur noch zu entkommen sucht. Geradezu pathologische Angstzustände können sich einstellen, wenn man die Orientierung verloren hat. Genau das drohte auch den Mitgliedern der Jungle Heights Expedition, denn der Pfad, den sie gewählt hatten, erwies sich als Sackgasse.

Sie mussten wieder umkehren. Mann stürzte eine 15 Meter tiefe Böschung hinunter und verletzte sich dabei mit der Machete, die er in der Hand gehalten hatte. Er hatte tiefe Schnittwunden, die Mayfield bandagierte. Sie kamen in ein Flussbett, wo das Fortkommen wieder schwieriger wurde. Auch Mayfield wäre hier beinahe abgestürzt, wenn ihm nicht Mann in letzter Sekunde ein Seil hingehalten hätte. Bei der Aktion gingen aber der gelbe Kasten und der Rucksack von Mann verloren.

Sie lagerten im Dschungel, mit unzähligen Blutegeln. Zu essen hatten sie nichts mehr. Aber auch Wasser gab es nicht. Mann probierte es mit einer Frucht, die er gefunden hatte. Davon bekam er Bauchschmerzen, Erbrechen und Durchfall. Am nächsten Morgen fühlte sich Mann so übel, dass er Mayfield bat, ihn zurückzulassen. Mayfield versetzte ihm einen Tritt und zog ihn weiter mit sich. Es wäre ihm ein unerträglicher Gedanke gewesen, alleine durch diese Wildnis zu ziehen.

Inzwischen hatten auch Shearer, Page und Brittan versucht, weiter dem Pfad zu folgen. Shearers Fuß war infektiös geworden. Das geht in den Tropen sehr schnell. Es ist feucht und heiß, ideale Bedingungen für Keime, um sich zu vermehren. Die Männer hatten keinen Kompass bei sich. Sie kamen nur langsam vorwärts und mussten ebenfalls unterm Laubdach des Dschungels campieren. Sie hatten Wasser, aber keine Nahrung mehr. Sie glaubten, dass Mann und Mayfield vorausgeeilt waren, um so schnell als möglich das nächste Dorf zu erreichen. So konnte man sagen.

****

Am Abend des 6. März gab es also drei Gruppen. Eine, die in der Schlucht festsaß und zwei, die im Dschungel umherirrten. Sie hatten alle etwas gemeinsam: keine Nahrung und die Vermutung, dass die anderen unterwegs waren, um Hilfe zu holen.

Am 7.3. wendete sich die Gruppe mit Shearer, Page und Brittan in die westliche Richtung, dabei trafen sie wieder auf das Flussbett. Sie gingen wieder nach der gleichen zeitraubenden Methode vor. Wenn sie an einen Katarakt kamen, warfen sie ihr Gepäck zuerst hinunter und folgten dann sprunghaft nach. Auch der Soldat Page erlitt einen Sturz, bei dem er seinen Rucksack verlor. Er kam in eine Unterströmung und ertrank beinahe. Wenigstens hatte man jetzt den Penataran River erreicht. Damit steuerte man wieder in die richtige Richtung.

Der Regen hielt auch am 8.3. an. Blutegel waren eine ständige Plage. Shearer wachte am Morgen in einer Blutlache auf, die von einem Blutegel stammte, der sich an seiner Stirn festgesaugt hatte Am 9.3. zwangen sie erneut Wasserfälle dazu, in den Dschungel auszuweichen. Wofür sie wieder der Schlucht aussteigen mussten. Einer nach dem anderen begann zu halluzinieren, Ohren und Augen spielten ihnen Streiche. Shearer wollte erneut zurückgelassen werden.

Mayfield und Mann ging es zur gleichen Zeit nicht anders, sie sahen Bananen, wo es keine gab. Am 10.3. sah sich Brittans Gruppe gezwungen, wieder ins Flussbett hinabzusteigen. Ihr Seil hatten sie verloren. Die Moral war am Boden, sie waren zerschlagen und zerschunden, halb verhungert und erschöpft. Es war längst ein Kampf ums nackte Überleben. In solchen

Momenten ist man sich dessen auch bewusst. Es ist dann nur noch eine Willensfrage, weiterleben zu wollen, wenn der Körper schon längst Zeichen gesetzt hat, dass er dringend Ruhe benötigt. Dass er nichts mehr wissen will von Expeditionen, Erforschungen, Abenteuern.

Am 11.3. entdeckte Brittans Gruppe die ersten Zeichen von Zivilisation. Was für eine Augenweide! Sie querten den Fluss immer wieder, manchmal brusttief, bis sie an ein Betonfundament kamen. Dann kam eine Bananenplantage. Sie hing voller reifer Bananen. Sie trauten sich aber nicht, auch nur eine einzige zu pflücken, aus Angst, in diesem muslimischen Land würde man ihnen für den Diebstahl die Hand abschlagen. Aber wo eine Plantage war, da konnte das Ende der Leidenstour nicht mehr weit sein. Als nächstes sahen sie einen Traktor, auf dem ein alter Mann saß. Er zeigte ihnen die Richtung zum Dorf Tamis, zuerst kamen sie an einen Fußballplatz, wo Jungen Fußball spielten und ihnen anboten mitzuspielen. Sie lehnten dankend ab. Ein Schullehrer führte sie in sein Haus, wo sie eine Mahlzeit mit Sardinen, Seetang und Reis bekamen, die ihnen in der Nacht schwer zusetzte.

Die schwächste der beiden Ausreißergruppen hatte es geschafft! Sie war am Leben geblieben. Ihr Ausflug in die grüne Hölle war beendet.

Am nächsten Morgen, dem 12.3., setzten sie Shearer in den Lastwagen, der sie nach Kota Kinabalu bringen sollte. Sie ließen sich zum Traveller's Rest fahren, in der Erwartung, dass Mayfield und Mann, die ihnen ja voraus gegangen waren, sie erwarten würden. Da das nicht der Fall war, war klar, dass sie es noch nicht geschafft hatten. Aber es erwartete sie eine noch größere Überraschung. Sie waren ja längst zu der Überzeugung gelangt, dass Neills Gruppe rechtzeitig umgekehrt und längst in Sicherheit war. Fehlanzeige!

Als sie in Traveller's Rest niemanden von den anderen antrafen, wussten sie, dass einiges nicht stimmen konnte. All das Gepäck, das sie dort gelassen hatten, bevor sie zum Kinabalu aufgebrochen waren, war noch da! Brittan wollte bei den Reisebüros nachfragen, ob die Leute von der B-Gruppe schon die Flüge nach Hongkong gebucht hatten. Der Soldat Page ging zum Park Administration Office, um sich dort zu erkundigen. Doch dort wusste man auch nichts. Page bestand darauf, den Park Warden Eric Wong anzurufen. Er hatte begriffen, dass es unumgänglich war, eine Suchaktion zu starten. Das sah auch Wong so, der sofort zusicherte, schon am nächsten Morgen einen Hubschrauber für die Suche einzusetzen. Nicht dass er schon etwas vermutet hätte, aber überrascht war er auch nicht.

Eric Wong sagte später: „Sie waren trainiert. Sie waren von der berühmten britischen Armee. Ich habe nicht ihre Rationen überprüft, sie sind Europäer, wir sind Asiaten. Unsere Nahrung ist schwerer. In ihrer Wir-können-es-tun-Philosophie war vielleicht ein Anzeichen von Über-Optimismus. Ich sagte ihnen, sie würden vor dem 4. März nicht zurückkommen. Aber Verzögerungen am Berg sind nicht ungewöhnlich.“

Wong hatte nämlich bereits am 11.3. damit begonnen, die umliegenden Dörfer abzufragen. Am nächsten Tag hatte er seine Ranger ausgeschickt. Spätestens mit der Nachricht von Page war klar, dass die noch Vermissten in großen Schwierigkeiten steckten. Es war aber immer noch nicht ganz klar, wo das war. Aber alles deutete auf den einen grausigen Ort hin: Low's Gully!

Am Abend des 12. telefonierte Brittan mit Hongkong und meldete, dass es auf der Expedition Probleme gegeben habe. Da er aber sicher war, mit dem Hubschraubersuchflug die vermissten Männer zu finden, sie mussten ja in der Schlucht stecken, hielt er sich mit seinen Worten zurück. Er wollte auf keinen Fall aus einer Maus einen Elefanten machen.

Aber wo blieben Mayfield und Mann? Sie waren ebenfalls in nordwestliche Richtung gegangen, bis sie wieder auf den Penataran River stießen. Auch sie entdeckten am 11.3. die ersten Zeichen der Zivilisation. Eine Art Lagerplatz. Sie kamen auch an eine Höhle, in der leere Nudelpackungen lagen. Sie verbrachten die folgende Nacht am Eingang einer von Spinnen und Fledermäusen gut besuchten Höhle. Manns Hand war geschwollen und fühlte sich taub an. Es gab nichts, was man dagegen tun konnte. Am nächsten Tag fiel Mayfield eine zehn Meter tiefe Böschung hinunter. Er war auch mit seiner Kraft am Ende.

Am 12.3. stießen sie auf eine Holzbrücke, danach auf eine Hütte, wo sie getrockneten Fisch in Papier gehüllt fanden. Mann aß davon. Er übergab sich sofort. Sie folgten dem Klang von Musik und fanden das Dorf Melangkap Kappa. Mann brach zusammen, wie jemand, der am Ziel gerade noch angekommen ist. Er hatte mehr als einen Marathon-Lauf hinter sich. Eine alte Frau steckte seine angeschwollene Hand in eine Tinktur von Schlangenfleisch, Kräutern und Knochen oder doch nur, wie man es von den Einheimischen weiß, Hundertfüßer, Bärengalle, Schlangenfett. Jedenfalls ging die Schwellung zurück. Im britischen Militärhospital in Hongkong wurde die Wunde später mit 40 Stichen genäht. Es blieben nur Narben. Eine bleibende Erinnerung an Jungle Heights 4.

Ein Pick-Up brachte die beiden Nachzügler nach Kota Kinabalu. Sie trugen Kleidung der Dorfleute. Das war nicht die passende Ausstattung für einen Triumphzug, sondern eher für einen Karnevalsumzug. Endlich aber trafen sie die anderen Kameraden. Und sie mussten feststellen, dass die B-Gruppe tatsächlich noch vermisst war.

Im Travellers Rest war zufällig auch eine britische Touristin, die Ärztin war. Sie schickte Shearer und Mann ins Hospital, von wo sie sich aber Tags darauf selber wieder entließen. Außerdem rief sie am Abend Mike Scott, den Honorary British Representative in Sabah, an und teilte ihm mit, was sie wusste: Fünf Soldaten der Expedition waren in Sicherheit, fünf Soldaten wurden noch vermisst. Scott fuhr in die Stadt, um sich nach den noch vermissten Soldaten zu erkundigen, fand aber niemanden.

Am nächsten Morgen, es war der 13.3., rief er Robert New an, der sofort Bescheid wusste. Foster hatte seinen Computer bei New gelassen, war aber geschäftlich so abgelenkt gewesen, dass er die lange Abwesenheit der Expedition nicht bemerkt hatte. Er fuhr mit Scott zum Traveller's Rest, wo sie die Soldaten antrafen. Brittan erklärte, dass sie keinen Alarm schlagen wollten, weil sie überzeugt waren, dass die B-Gruppe umgekehrt wäre. Es war ihm nicht aufgegangen, dass ihnen das wegen der schlechten Wetterlage und der mangelnden Fähigkeiten nicht möglich gewesen war. Manns Gedanken gingen an die Chinesen, die ihn gebeten hatten, dafür Sorge zu tragen, dass sie nicht mit auf die Expedition mussten. Aber das war noch eine andere Geschichte.

Inzwischen vertrieben sich die beiden Offiziere der Dschungel-Expedition Jungle Heights 4 in ihrer Höhle mit Kartenspielen oder Schach die Zeit. Oder sie schrieben an ihrem Tagebuch. Es hätte nicht wirklich jemanden interessiert, was in den Tagebüchern stand, wenn sie aus der Schlucht wie ursprünglich beabsichtigt herausgekommen wären. Es wäre dann nur eine von vielen britischen Militärübungen gewesen. Doch wenn das Schicksal zuschlägt, wird auch aus dem unbedeutendsten Mann eine Berühmtheit. Jeder Mensch hat das Potential, machtlos zu sein, wenn er vom Schicksal oder von der Vorsehung - manche nennen es Gott - zu einer herausragenden Rolle ausgesucht wird.

Die Chinesen hatten nicht diese Gepflogenheiten des papierenen Zeitvertreibs, vielleicht auch weil sie nicht daran dachten, ihre Geschichte zu kommerzialisieren. Sie saßen meist teilnahmslos und ohne ausgeprägte Gesprächigkeit neben den Briten, denen sie es zu verdanken hatten, jetzt in dieser ausweglosen Lage festzustecken. Sie hatten es ja schon immer gesagt, dass das nichts für sie war. Sie waren in Hongkong ausgesucht worden, ohne dass man ihnen gesagt hatte, was auf sie zukommen würde. Aber das hatten die Briten auch nicht wirklich gewusst. Da waren wieder die Bürokraten am Werk, denen es meist nur darum geht, einen Fall vom Tisch zu kriegen.

Die Chinesen hatten aus Sicht der Offiziere während der Veranstaltung nicht nur wenige Fertigkeiten an den Tag gelegt, sondern auch wenig Enthusiasmus. Aber das lag wohl an der Mentalität. Es gab da noch das Sprachproblem. Es waren eigentlich zwei Schicksalsgemeinschaften.

Die Briten erkundeten, jeder für sich, am 8.3. mögliche Fluchtwege aus der Schlucht hinaus. Dabei stieß Neill auf Hinterlassenschaften der Gruppe A. Er kam bis zu Steilabstürzen, die ein Weitergehen für ihn unmöglich machten. Die Gruppe A hatte diese Hürden offenbar irgendwie genommen. Er machte sich auf den Rückweg. Bei einem Sturz verletzte er sich. Dabei verlor er nicht nur den Kompass, sondern auch noch vollends die Orientierung. Es hatte wieder zu regnen angefangen. Panische Angst erfasste ihn, aber er riss sich zusammen. Den Kopf zu verlieren ist kein guter Ratgeber, da man ihn immer braucht. Er ist der einzige, der Rat kennt, wenn auch nicht immer.

Neill fand nach sieben nervenaufreibenden Stunden den Weg zurück. Immerhin hatte er unterwegs deutliche Zeichen dafür gefunden, dass auch die Gruppe A versucht hatte, aus der Schlucht herauszufinden. Und es schien so, als ob es ihnen gelungen war. Damit war klar, die notwendige Rettung von außen war möglich, sie würde aber zugleich eine peinliche Angelegenheit werden, denn ein Teil des Teams hatte entgegen der ursprünglichen Absicht des Expeditionsleiters und auch gegen seinen Willen durch das Vorpreschen überhaupt die Voraussetzung für die

Rettung geschaffen. Sie hatten es geschafft, die anderen, darunter auch beide Offiziere, die seit Jahren Low's Gully als Ziel beinahe wie eine Obsession verfolgten, nicht! Es war beschämend und ärgerlich für Neill und Foster. Für die anderen war es eine Genugtuung, nachdem die erste Aufregung verraucht war. Die einzige Möglichkeit, die Blamage noch in Grenzen zu halten, war es, die Schuld den Chinesen in die Schuhe zu schieben. Sie waren zu langsam und inkompetent. Neill hatte sie schließlich nicht in Hongkong ausgesucht. Nein, aber er hatte gegen die Willensbekundung der Chinesen befohlen, dass sie mitmachten. Neill hätte es drehen und wenden können wie er wollte, er würde aus dieser Sache nicht gut herauskommen. Sich diesem Schicksal noch ergeben zu müssen, war jedoch weitaus vernünftiger als ein Rettungsselbstversuch, der mit großer Wahrscheinlichkeit zum Scheitern verurteilt war und noch größeres Unheil heraufbeschwören konnte. Man musste auf der Stelle ausharren und die Schmach des Scheiterns annehmen. Das war die bittere Pille, die aber den Patienten wenigstens körperlich wieder gesund machte.

Neill schrieb in sein Tagebuch, dass er keinen weiteren Versuch machen würde, auszubrechen und Foster schrieb, dass sie zuversichtlich wären, gerettet zu werden, denn sie waren vier Tage über die Zeit. Jemand würde Alarm schlagen. Was mit der Gruppe A war, war ungewiss. In dieser Nacht hatten sie New und Powell treffen wollen. Vielleicht würden diese Erkundigungen einholen.

Am 9.3. regnete es weiter. Das waren auch ungünstige Verhältnisse für Flüge. Ihre Kleider bekamen sie kaum noch trocken, denn dazu brauchte man Sonnenstunden. Ihre Mahlzeiten waren seit Tagen nur Hungerrationen, da sie den verbliebenen Proviant strecken mussten.

Am 10.3. besserte sich das Wetter, aber kein Hubschrauber war zu sehen. Die Briten überlegten erneut, ob es möglich war, auszubrechen. Zwei der Chinesen hatten Verletzungen, die sie zur Unbeweglichkeit verdammten, der Dritte fühlte sich zu sehr geschwächt.

Am 11.3. versuchten die Briten erneut ihr Glück. Das Wetter war gut. Sie wiesen die Chinesen an, zurückzubleiben, obwohl Cheung, der die Untätigkeit und die Ungewissheit satt hatte, mitkommen wollte. Sie kamen, je weiter sie sich vom Lager entfernten, immer langsamer vorwärts. Sie klammerten sich bei ihren Kletterversuchen aus der Schlucht und über die Höhen hinaus an Wurzeln und Zweige, Büsche, Gras und Orchideen. Der Kinabalu ist ein Klotz, der an allen Seiten sehr steil ist. Auf dieser Seite gab es wegen der Steilheit keine Pfade, nur Wandfluchten und Schluchten. Foster stürzte, das Vegetationsgeflecht fing ihn jedoch gnädig auf. Bis zum 13.3. machten sie kaum noch Fortschritte, mussten immer größere Risiken eingehen, um überhaupt noch vorwärts zu kommen, und letzten Endes wurde das Gelände immer zu steil oder eine Vertikale beendete ihre Bemühungen.

An diesem Tag schöpften sie jedoch neue Hoffnung durch ein Zeichen des Himmels. Zuerst hörten sie ihn, dann sahen sie den Hubschrauber. Er flog über der Schlucht, aber das vermuteten sie nur, denn sie hatten sich inzwischen weit seitlich von der Schlucht entfernt. Eine Stunde später sahen sie ihn noch einmal, aber viel weiter unten über dem Dschungel. Es war ausgeschlossen, dass er sie sehen konnte.

Am Nachmittag fing es wieder an zu regnen. Die Männer dachten, es wäre besser, zu den anderen zurückzukehren, wenn eine Suche nach ihnen bereits begonnen hatte. So deuteten sie den Hubschrauberflug.

Brittan und Wong waren in der Tat vom Flugplatz in Kota Kinabalu aus mit dem Hubschrauber gestartet und hatten dann Low's Gully angeflogen. Drei Stunden lang suchten sie die Gegend ab, ohne dem oberen Bereich der Schlucht zu nahe zu kommen. Das schien dem Piloten in der Enge des Raumes und bei den widrigen Aufwindverhältnissen zu riskant. In der Schlucht hatte es schon einige Flugunfälle gegeben. So sahen sie nur ein Gewirr von Flussläufen und Vegetation.

Abermals telefonierte Brittan mit Hongkong, um die Lage zu erklären. Er rief auch seine Freundin in England an, die bei der Armee arbeitete und die Nachricht weiterleitete. Am Morgen des 14.3. wurde das Desaster auch in England bekannt.

Neill und Foster waren wieder bei den Chinesen. Zwar hatte man am Vortag einen Hubschrauber gesehen, aber es gab immer noch kein untrügliches Zeichen für eine systematische Suchaktion. Sie wussten nicht, dass es inzwischen eine, zugegebenermaßen unzureichende, Suchexpedition gab, die aus zwei Mann bestand. Das waren Lex und ich.

Die Mahlzeit der Gestrandeten bestand heute aus einer halben Packung Kartoffelpulver, einer halben Packung getrockneter Erbsen und etwas Tee. Jetzt hatten sie noch für weitere sechs Tage ähnliche Hungerrationen.

Am 15.3. überfiel Neills Frau während der Gartenarbeiten ein merkwürdiges Gefühl, das sie daran hinderte, weiter zu arbeiten. Sie wusste, irgendetwas konnte mit ihrem Mann nicht stimmen. Das war der Tag, in dessen Verlauf eine Meldung von Hongkong nach England ging, dass sich fünf Armeeangehörige der Jungle Heights Militärexpedition noch nicht zurückgemeldet hatten. Noch am gleichen Tag bekam sie von der Armee die Nachricht, dass fünf Mann der Expedition wieder aufgetaucht seien und die anderen, darunter auch ihr Mann, noch vermisst würden.

Bei Mann, dessen Hand noch nicht völlig geheilt war, verstärkte sich der Wunsch, in ein britisches Hospital gebracht zu werden. Dazu musste er nach Hongkong fliegen. Inzwischen hatte sich auch der British Naval Attaché von Kuala Lumpur telefonisch gemeldet und sein Kommen für den nächsten Tag angekündigt. Über den Umweg von Hongkong gelangte die Nachricht von den vermissten Soldaten zum Verteidigungsministerium nach Whitehall.

Der Mountain Rescue Service wurde verständigt und beauftragt, sofort eine Rettungsmannschaft zusammenzustellen. Die waren in ihrer gesamten 51-jährigen Geschichte noch nie in Übersee eingesetzt worden. Sie bekamen die Order, innerhalb von 10 Stunden im Flugzeug zu sitzen. Am gleichen Tag bekamen auch Einheiten der malaysischen Armee einen Einsatzbefehl, obwohl es der zweite Tag des wichtigsten Festes der Muslime war.

An diesem 15.3. regnete es wieder heftig und den ganzen Tag. An einen Hubschrauberflug war nicht zu denken. Die Soldaten aus Hongkong äußerten sich sehr pessimistisch über ihre Aussichten, das Unternehmen zu überleben, während die beiden Offiziere sich über das Thema „Kannibalismus im Notfall" unterhielten. Sie bezogen sich in ihren Überlegungen, die sie die Chinesen nicht wissen ließen, auf den Absturz eines Flugzeuges in den Anden in den sechziger Jahren. Damals hatten etliche überlebt, weil sie sich von ihren toten Kameraden ernährt hatten. Aber inzwischen waren die Briten und Chinesen so abgemagert... Der Regen hatte jedenfalls eine Verschlechterung der Gesamtsituation zur Folge. Mit ihm stieg die Gefahr der Unterkühlung in der feuchten Umgebung.

Nachts kam ihnen das steigende Wasser bedrohlich nahe, als es die Höhle teilweise flutete, in der sie campierten. Sie verbrachten eine bedrohliche und ungemütliche Nacht im Sitzen, jeden Moment in der Erwartung, dass sie aus der Höhlung heraus flüchten müssten. Der Lärm des vorbeistürzenden Wassers war ohrenbetäubend. Schlimmer war, dass er ihrer Psyche schwer zusetzte. Die Schlucht offenbarte jetzt ihren wahren, morbiden Charakter.

Der 15.3 war der Tag, an dem ich das Handtuch geworfen hatte, glücklicherweise so rechtzeitig, dass wir vor dem großen Regen noch die ganzen Abseilstrecken bis zum Lagerplatz über der Schlucht zurück klettern konnten. Wir waren der B-Gruppe nicht näher als etwa drei Kilometer Luftlinie gekommen. Von ihnen trennten uns aber beinahe 1.000 Meter Höhe. Schwierig waren dabei nur genau die Abseilstrecken, die wir bis zum Grund der Schlucht nicht mehr gemacht hatten. Und das waren weniger als 150 Meter! Für die B-Gruppe waren sie jedoch unüberwindlich. Ja, wir waren ein nutzloses Team, aber kein dummes, das auch noch im Gully stecken blieb und gerettet werden musste. Es gibt zwei Arten von Bergsteig-Teams: solche die gerettet werden müssen und die anderen.

Für den Rest der Jungle Heights 4 Expedition kam es noch schlimmer. Am 16.3., als wir uns auf dem Weg nach Panar Laban befanden, gab es in ihrem Lager nach starkem Regen einen Steinschlag, mitten in die rastende Gruppe. Chow und Neill wurden verschüttet, aber mit nur leichten Verletzungen geborgen. Sie erholten sich von dem Schock.

Am gleichen Tag traf der Mountain Rescue Service nach 24 Stunden Reisezeit in Kota Kinabalu ein. Dort trafen sie den britischen Einsatzleiter namens Schumacher aus Hongkong und die Einsatzleitung der malaysischen Armee. Brittan und Page waren bei der Einsatzbesprechung dabei. Dabei stellte sich schnell heraus, dass man nicht genau wusste, wo man suchen müsste. Denn Neill hatte gesagt, wenn sie mit der Schlucht nicht klarkommen würden, würden sie woanders klettern gehen. Es war also gar nicht so sicher, dass sie in Low's Gully fest steckten.

Sie hätten ebenso gut woanders in Schwierigkeiten kommen können. Und dass das der Fall war, da sie nicht wieder aufgetaucht waren, stand fest.

Noch kannte man die Region im Norden und Westen des Kinabalu zu wenig und diejenigen, die aus dem Dschungel herausgekommen waren, hatten keine Muse für geographische Aufzeichnungen gehabt.

Man einigte sich darauf, dass die Malaysier den Penataran Fluss hinauf suchen sollten, während die Briten von oben her in die Schlucht einsteigen sollten. Damit soll keine politische Aussage getroffen werden, dass Malaysia auf dem aufsteigenden Ast und Großbritannien auf dem absteigenden Ast waren.

Die erste Gruppe der Briten sollte auf einer Höhe von 2.900 Metern mit dem Hubschrauber abgesetzt werden, während die andere Gruppe auf der Straße nachfolgen sollte. Doch das Wetter war zu schlecht. Daher erreichten sie Panar Laban zu Fuß erst um 21:00 Uhr am 17.3.

So kam es, dass wir von alledem nichts wussten, sonst hätten wir mit den Leuten vom MRS (Mountain Rescue Service) reden können. Allerdings hätten wir ihnen nichts sagen können, was sie nicht schon bald selber in Erfahrung bringen würden. Ich wäre mir auch nicht gerade großartig wichtig oder instruktiv vorgekommen, da wir ja den Rückzug für das Beste gehalten hatten. Hier hatten wir es mit Profis zu tun, denen man nichts über die „Machbarkeit" von Kletterstrecken sagen konnte. Jede Empfehlung ausgesprochen aus meinem Munde, wäre fehl am Platz, wenn nicht sogar lächerlich gewesen. Es war ja sowieso wiederum keine Privatveranstaltung, sondern jetzt kamen die Elitesoldaten der Armee der Queen zum Einsatz. Und ich war noch nicht einmal Brite! What a shame!!

Nun ist es aber immer noch so, dass alle nur mit Wasser kochen und zudem auch noch alle den gleichen Gesetzen der Schwerkraft und der Thermodynamik unterliegen Beides Gesetze, die beim Bergsteigen eine große Rolle spielen, die man nie unterschätzen darf! Und das bewahrheitete sich auch hier wieder! Denn es hörte nicht auf zu regnen und das zwang auch den MRS die Flucht nach oben, kaum dass sie recht in der Schlucht drin waren, anzutreten! Ich gebe zu, als ich davon hörte, blitzte kurz ein mein humanistisch veranlagtes Herz verratender Gedanke auf, den ich natürlich sofort wieder verwarf. Es war keine Schadenfreude, sondern eine Art Genugtuung, dass andere eben auch nicht über sich hinauswachsen können. Dabei sollte man sich immer freuen, wenn es in solchen Notfällen dennoch gelingt. What a shame!

Auch am 17.3. regnete es den ganzen Tag. Die Reste der britischen Militärexpedition Jungle Heights 4, das arme Häuflein der zusammengewürfelten Englisch-Chinesischen Freundschaftsexpedition, hatten sich nicht aus dem Schlafsack herausbewegt. Doch dann zwang sie ein Sturzbach, der durchs Lager floss, doch dazu. Es war noch schlimmer als am Tag zuvor. Sie wurden wieder alle durchnässt. Es war ein weiteres niederschmetterndes Erlebnis. Die Leidensfähigkeit der Truppe wurde auf eine harte Probe gestellt.

Zu Hause in England belagerten Presseleute das Haus der Neills. Bald würde die internationale Presse ausschwärmen, Funk und Fernsehen würden berichten. Jungle Heights 4 wurde unvermutet zu einem Medienereignis. Das erfuhr ich jedoch erst viel später. Lex war nach Singapur abgereist, ich folgte wenig später, um die Wälder des malaysischen Festlandes unsicher zu machen. Wir wussten zunächst von nichts, aber von uns wusste auch niemand etwas. Insofern waren wir quitt.

Am Morgen des 18. März klarte der Himmel auf. Doch um 11.00 Uhr gab es wie gewöhnlich um diese Zeit wieder Bodennebel. An diesem Tag aßen die Gefährten des unfreiwilligen Weges ein Stück Keks und den Rest der Hühnersuppe. Vier Kekse waren noch übrig, einige Dextrose Tabletten, Trinkpulver, eine Büchse Wurstpaste und ein paar weitere Päckchen, die mit nicht viel mehr als nichts gefüllt waren.

Natürlich hatten sie die Umgebung nach Essbarem abgesucht und versucht ein paar Kaulquappen zu fangen. Aber selbst das gelang ihnen nicht. Nach der ersten Flut waren sie weggeschwemmt. In dieser Höhe gab es nur wenig Lebendiges. Sie probierten Grünzeug, wenn auch widerwillig. In den Tropen enthalten zu viele Pflanzen Gift- oder Bitterstoffe, die unverdaulich sind oder den Körper nur noch mehr schwächen. Das bemerken Zunge und Gaumen meist sofort. Ein eigentlich sonderbarer Umstand, als ob die Natur Vorsorge treffen würde, dass nicht alles gleich durcheinandergerät und wegstirbt. Man könnte sagen, die Lebewesen hätten gelernt zu unterscheiden, aber manchmal hat man nur einen Versuch. Die natürliche Auslese ist kein Freund des Lebens, denn sie nimmt von dem weg, was da ist, sie ist unerbittlich und unbestechlich. Das Leben hat eine andere Quelle, aus der es gespeist wird.

Die Briten packten eine Botschaft in eine Plastikflasche und warfen sie den Wasserfall hinunter. Neill kam auf einen Gedanken, den er den anderen nicht mitteilte: vielleicht hatte es bereits eine Suchaktion nach ihnen gegeben, die aber abgebrochen worden war, weil man glaubte, dass niemand mehr lebte! Es ist nicht nur eine wichtige Aufgabe, in Notsituationen kühles Blut und einen klaren Kopf zu behalten. Es ist auch eine schwierige Übung, den Kopf dauernd aufrecht zu halten, so dass einem Vernunft und Denkkraft erhalten bleiben! Das ist schwierig, wenn man andauernd ein Wasserbad trostloser Gefühle nimmt. Es ist unmöglich, wenn man von einem Desaster ins andere rutscht.

Der 18.3. war der Tag, an dem der MRS seinen Abstieg in die Schlucht über Easy Valley Col begann. Sie erreichten Lone Tree und seilten zwei Seillängen ab. Dann gingen dieser Voraustruppe Zeit und Seile aus.

Auch am 19.3. war das Wetter schlecht. Der MRS seilte dennoch weiter ab. Das war mutig und an der Grenze zur Vernunftüberschreitung. Doch das Äußerste, was möglich war, war bald erreicht. Der Untergrund war glitschig und gefährlich. Die Männer kletterten an den Seilen hinauf und hinunter, während sie von Wasser überschüttet wurden. Unter diesen Umständen war es unmöglich, sich weiter in die Schlucht hinunter zu wagen. Für Männer, die es gewohnt waren, im Hochland Schottlands zu „klettern", war die unwirtliche Rückseite des Kinabalu eine andere Kategorie, so wie das tropische Asien eine andere Nummer ist als Westeuropa.

Am Abend des gleichen Tages brachte man unten in Kota Kinabalu Brittan mit Verdacht auf Malaria ins Hospital. Er hatte sich auch noch bei der Vorbereitung der Rettungsaktion verausgabt.

Am 20.3. unternahm Foster aus schierer Verzweiflung über ihre missliche Lage einen letzten Versuch, auszubrechen. Er übernachtete unterwegs. Es war ja ganz gleich, wo man im Freien schlief, wenn man doch nirgendwo ein richtiges Dach über dem Kopf hatte.

Am 21.3. war das Wetter immer noch schlecht. Die Gruppe um Neill hörte frühmorgens einen Hubschrauber. Sie stürzten aus ihrer Höhle und sahen einen Militärhubschrauber weit weg. Sie waren sich nicht sicher, ob er nach ihnen suchte. Auch Foster sah ihn und ließ sein Blitzlichtgerät aufleuchten. Es gab neue Hoffnung und erneute quälende Unsicherheit. Foster ging zurück zum Lager. Sie ahnten nicht, dass man bei den Rettern wegen des vielen Wassers, das in die Schlucht eingedrungen war, nicht mehr wirklich an Überlebende glaubte. Manchmal ist es gut, nicht alles zu wissen. Man sagt, die Hoffnung stirbt zuletzt und will damit sagen, wenn die Hoffnung dahin ist, ist auch alles andere so gut wie tot. Aber bei den Vermissten würde sich, Hoffnung hin oder her, bald das Sterben bemerkbar machen, wenn es keine andere Menschenbrüder zu ihnen schaffen würden.

Es gab noch solche anderen Menschenbrüder, die noch nicht aufgegeben hatten, eine glückliche Wende herbeizuführen. Der Sikorsky von Leutnant Joel der Royal Malaysian Airforce hatte die Verhältnisse in der Schlucht erkundet. Man hatte erwogen, einen Suchtrupp abzusetzen.

Am 22.3. war der Mountain Rescue Service mit seinen tapferen Menschenbrüdern vom anderen Stamm weiter nach unten gestiegen, obwohl die Verhältnisse nach wie vor sehr schwierig waren. Sie riskierten ihr eigenes Leben. Sie fanden eine Tasche mit dem Namen Neills. Zugleich hatte man unten am Penataran Nahrungsbeutel der Gruppe um Brittan gefunden und daraus geschlossen, dass irgendwo zwischen diesen beiden Fundorten Neill mit seinen Leuten sein müsste. Auch der Hubschrauber war wieder unterwegs. Die Gruppe um Neill wusste nun, da sie den Hubschrauber sahen, dass dies nur bedeuten konnte, dass man nach ihnen suchte. Gleich stieg wieder ihre Zuversicht. Aber der Hubschrauber flog dreihundert Meter über ihnen und war tausend Meter weiter weg. Umso enttäuschter waren sie, als am nächsten Morgen kein Hubschrauber zu sehen oder zu hören war.

Inzwischen hatte man die Suche auch auf die Südseite des Kinabalu ausgedehnt. Man suchte abseits der Touristenpfade. Man wollte nichts unversucht lassen, schon mit dem Hintergedanken, dass man Rechenschaft ablegen werden müsse. Auf der Nordseite waren die Suchtrupps links und rechts des Penataran bis auf drei Kilometer an die letzten größeren Wasserfälle herangekommen. Das war nur unter großen Anstrengungen gelungen. Den Einsatzleitern war klar geworden, dass es keinen Sinn machte, die Schlucht von oben anzugehen, da man sowieso die Überreste der Expedition nicht nach oben schaffen konnte. Sie mussten, dachten sie, irgendwo im steilsten, nämlich letzten Stück der Schlucht feststecken. Es musste also versucht werden, von unten an sie heran zu kommen und nur auf diesem Wege konnten sie geborgen werden.

Zu diesem Zweck wurde in England eine zweite Rettungstruppe zusammengestellt. Hätten sie gewusst, dass ihnen von oben nur noch 200 Höhenmeter gefehlt hatten! 200 Meter! In nicht allzu schwierigem Gelände. Aber die Rettungskräfte waren mit ihrer Kraft ohnehin am Ende. Es war ihnen gerade so wie uns ergangen. Wir hatten noch bei trockenem Wetter die Rückkehr beschlossen, der MRS war viel weiter gekommen als wir, trotz schlechtem Wetter. Aber letzten Endes hatten sie es auch nicht geschafft!

Der Mountain Rescue Service war am Ende bis beinahe auf 2.000 Meter Höhe unter extrem schwierigen Verhältnissen hinuntergestiegen, musste sich dann aber wieder zurückziehen, so dass alle am 24.3. in Panar Laban waren.

Dafür flog der Hubschrauber wieder, aber er flog sehr hoch über den Verunglückten. Was die Gruppe um Neill nicht wusste: In der Schlucht herrschten gefährliche Windverhältnisse und die Militärhubschrauber hatten eine nur begrenzte Leistungsfähigkeit.

Doch dann geschah doch wieder das Wunder, das die Wende brachte. Es braucht in aussichtslosen Situationen immer ein Wunder. Es braucht ein Ereignis, das mehr ist als nur ein Zufall oder eine außergewöhnliche Leistung. Es braucht eine Fügung von geistigen Ereignissen wie den Wünschen, dem Hoffen, dem Flehen, dem Beten mit den richtigen Handlungen, die auf Inspiration und Gedankenarbeit beruhen. Und was es darüber hinaus noch bedarf, bleibt ein Geheimnis.

Gerade als sie wieder in die Schlucht flogen und sie von den Winden hin- und hergeschüttelt wurden, entdeckte Foley, einer der britischen Einsatzleiter, der im Cockpit saß, eine Art Blitzlicht. Der Pilot Captain Hasan hatte es glücklicherweise auch gesehen und bestätigte. Einer der Chinesen hatte Fosters Kamera und betätigte das Blitzlicht, wie es Foster in den vergangenen Tagen auch schon getan hatte. Und zufällig hatten sie im Hubschrauber genau in diese Richtung geschaut. Zufall eben! So wie es mir auch einmal ergangen war. Ich war im Wasser getrieben, die Wellen senkten mich immer wieder in ein Wellental und doch hatte sich ein einziger Bootsführer auf dem einzigen Boot, das weit und breit unterwegs war, in meine Richtung gedreht und genau in dem Augenblick, als es eine direkte Luftlinie zwischen seinen Augen und meiner winkenden Hand gab, hergeschaut und das winzige Grau im großen Grau auch noch richtig gedeutet.

Bei persönlichen Tragödien fragen die Menschen immer empört und geschockt nach dem Warum. Und dieses Warum lässt sie dann das ganze Leben nicht mehr los. Und viele konstruieren einen Vorwurf gegenüber Gott, auch gerade dann, wenn sie vorher mit ihm keine Absprachen getroffen haben, weil sie nicht mit seine Existenz rechneten oder sie für nicht relevant in ihrem Leben hielten. Doch wenn das Unglück sie aus ihrem gemächlichen, ohne Gott bisher recht passabel machbaren Leben reißt, setzen sie dem unaufmerksamen Gott, falls es ihn gibt, ein vorwurfsvolles Warum vor.

Die Warum-Fragen halten sich hingegen, wenn ein großes Glück geschehen ist, in Grenzen. Vielleicht fragt man sich kurz, warum man wohl mehr „Glück" als Verstand gehabt hat, aber dann geht man gerne wieder zum Tagesgeschäft über, natürlich nicht ohne den Vorsatz, jetzt noch bewusster zu leben und die Schönheiten des Lebens noch dankbarer entgegenzunehmen. Dankbar wem gegenüber? Dem Zufall?

Es war eine entscheidende Phase im Verlauf der Jungle Heights Rettungsaktion gekommen. Nun endlich wusste man, es gab Überlebende, und man wusste, wo sie waren. Immer noch fraglich war, wie man sie da herausholen konnte. Man blieb also gespannt.

Umso mehr, als der Nebel wieder aufzog. Der Hubschrauber musste abdrehen. Oder war das Blitzlicht doch nur von den Rettungsteams? Die eilige Analyse im Lagezentrum erbrachte das Ergebnis, dass das nicht der Fall sein konnte. Die Enttäuschung über die Fehlschläge der vergangenen Tage wich einer nervösen Aufgeregtheit, jetzt das Richtige zu tun. Man hatte die Vermissten beinahe schon abgeschrieben, schlagartig hatte sich das Bild gewandelt. Es kam jetzt darauf an, diese Stelle, wo man das Blitzlicht gesehen hatte, wieder zu finden und jemanden an einer Seilwinde an einer passenden Stelle hinunterzulassen, an der man das Rettungsteam absetzen konnte. In der Schlucht hatten die Überlebenden zwar den Hubschrauber gesehen, aber sie wussten nicht, ob sie selber gesehen worden waren. Bisher war das ja auch nicht der Fall gewesen.

Am 25.3. befand sich die Expedition schon 20 Tage in der Höhle der Hölle. Sie warteten schon am frühen Morgen sehnsüchtig auf das Geräusch eines heranfliegenden Hubschraubers. Die Ungewissheit war nach wie vor groß. Die Spannung war unerträglich. Würde er wieder kommen, mussten sie bereit sein! Sie mussten sich mit allem, was sie hatten, bemerkbar machen.

Aber die Enttäuschung war groß, als sich nichts am Himmel zeigte. Weil alles durchnässt war, konnte man kein Feuer machen. Um 9:30 Uhr war es dann so weit. Sie hörten einen Hubschrauber! Er kam näher, Foster gab vom Felsen Zeichen und betätigte sein

Blitzlicht. Wieder war der Pilot gerade dabei, sein Fluggerät abzudrehen, als er die vielleicht wichtigste außerfamiliäre Entdeckung seines Lebens machte. Er flog sofort zurück und jetzt konnte man deutlich drei Figuren auf dem Felsen stehen sehen, daneben das mit Steinen geschriebene SOS.

Jetzt war es allen klar, die britische Armeeexpedition würde doch ein glückliches Ende finden. Noch bedurfte es etwas Geduld. Für die Bergung benötigte man den stärkeren Sikorsky. Man flog aber noch mal mit der Alouette zurück und warf Lebensmittel und eine Nachricht ab. Es war 10:30 Uhr. Kurze Zeit später kam der Hubschrauber erneut und ließ einen Doktor ab. Erst am nächsten Tag waren alle fünf Briten aus Low's Gully befreit. Die Schlucht war wieder verlassen wie eh und je. Zumindest von allen guten Geistern verlassen. Was sich sonst noch dort herumtreibt? Dazu müsste man vielleicht eine andere Expedition ausrüsten! Meine bescheidene Empfehlung: Demut mit ins Reisegepäck packen, eine gerüttelte Portion Kameradschaft kann auch nicht schaden und viel Integrität!

Es gab aber noch ein Nachspiel nach der ersten Erleichterung über den glücklichen Ausgang von Jungle Heights 4. Die britische Armee zieht in solchen Fällen ihr Personal in einer Art Tribunal, Board of Inquiry (BOI), zur Rechenschaft. Neill behauptete dort, das Scheitern der Expedition sei auf den Zusammenbruch der Kommunikation zurückzuführen und auf die Tatsache, dass sich die Voraustruppe ohne sein Einverständnis davongemacht hätte.

In seiner Dankesrede unmittelbar nach der Rettung hatte er Brittan noch gelobt, dass er durch seinen Vorstoß die anderen gerettet hätte. Die BOI kam zu dem Schluss, dass die Expedition gut vorbereitet und geplant war. Dass aber die Führung durch Neill teilweise in Mitleidenschaft gezogen worden war, weil er falsche Entscheidungen getroffen hätte. Es sei überambitioniert gewesen, hinzukam, dass er wenige erfahrene Soldaten mitgenommen hatte. Außerdem habe er die Anweisungen nicht klar genug herausgegeben. Infolgedessen sei es auch nicht zu Ungehorsam gekommen. Die Vorausgruppe habe keinesfalls die anderen im Stich gelassen.

Auch Foster habe, als er eine Zeit lang das Kommando innehatte, weil Neill erkrankt war, keine Verbesserung der Situation herbeigeführt, was seine Aufgabe gewesen wäre. Die Leistungen von Brittan, Mayfield und Cheung, dem tatkräftigsten der Chinesen, wurden besonders hervorgehoben. Sie wurden für eine Empfehlung vorgeschlagen. Es ist alte britische Militärtradition, bei militärischen Fehlschlägen einige für ihre heldenhaften Leistungen hervorzuheben, um damit die Aufmerksamkeit von den Problemen abzulenken und aus einer eigentlichen Pleite einen Erfolg zu machen. Ebenso erhielten die beiden Piloten der malaysischen Airforce eine Auszeichnung. Ohne sie wäre die Rettung der Gruppe B ins Wasser gefallen.

Da Foster sein Tagebuch an die Daily Mail gab, war nicht zu verhindern, dass die Hongkonger Presse eine Kampagne der Entrüstung startete, da sich Foster wiederholt in seinem Tagebuch über die unzureichenden Leistungen der drei Chinesen äußerte. Cheung war nahe daran, Foster zu verklagen. Er stritt ab, dass es große Probleme mit den Chinesen gegeben hätte. Foster hatte ja sein Tagebuch in Unkenntnis der tatsächlichen Verhältnisse geschrieben, so zum Beispiel auch, als er die Chinesen verdächtigte, Rationen zur Gewichtsreduzierung weggeworfen zu haben, was nicht geschehen war.

Und so stellte sich heraus, dass die Überlebenden der Jungle Heights 4 auch nach ihrer Rettung und Wiedervereinigung nicht wirklich zueinander fanden. Die Gegensätze, die sich schon beim Anmarsch auf den Kinabalu aufgetan hatten, nahmen sie mit, als sie wieder vom Berg abreisten. Es gab immer noch drei Gruppen: Die Chinesen, die Offiziere und die jüngeren Mannschaftsgrade.

Das eigentliche Ziel der Expedition, Low's Gully der gesamten Länge nach bis zum Penataran River zu folgen, war verfehlt worden. Fünf Teilnehmer waren nicht weiter als bis zu New's Pools gekommen und auf ca. 2.000 Metern Höhe stecken geblieben. An welcher Stelle die beiden anderen Gruppen, die sich noch ein Stück weiter die Schlucht hinunterkämpften, die Schlucht verließen, und sie, ähnlich wie New und Pinfield schon Jahre vorher, umgingen, ist ungewiss und wird es auch bleiben. Auch künftige Expeditionen sollten, anders als der Forscher Low, nicht auf der Suche nach Rotang oder Rattan, Rhododendren oder Orchideen sein.

1998 versuchte eine zivile britische Expedition, die mit dem ortskundigen Mayfield verstärkt und von National Geographic gesponsert war, mit Hilfe von Fixseilen ihr Glück. Dabei wählte man aber von Anfang an eine Umgehungsroute, weil man die eigentlichen Schwierigkeiten der Wasserfälle vermeiden wollte. Sie setzten die unglaubliche Menge von 5.000 Metern Seil ein. Aber genauso wenig wie man einen Berg besteigt, indem man nur um ihn herum klettert, kann man eine Schlucht bezwungen haben, wenn man ihr nicht auf den Grund geht. Das hatte diese Expedition mit gutem Grund vermieden.

Im Jahr 2000 starteten die Briten einen erneuten Versuch. Man wollte die Canyontechnik zum Einsatz bringen und hatte deshalb vier Flamen engagiert. Doch dann zog man sich wegen schwieriger Wetterbedingungen wieder zurück. Bei New's Pools rief man die Hubschrauber. Spätestens jetzt war das Interesse aller „Canyoneers" weltweit für diese unbezwingliche Schlucht geweckt.

2002 entschied sich ein holländisches Team von K2-Bezwingern, das Terrain zu wechseln. Aber auch sie wurden überwältigt von der Gewalt der Elemente und fanden eine vernünftige Option: geordneter Rückzug!

Im Jahre 2003 zog ein Team von neun flämischen „Canyoneers" aus, um dem Spuk der Geister vom Kinabalu ein Ende zu bereiten. In nur fünf Tagen hatte sich die hochspezialisierte Gruppe bis zum Penataran River durchgekämpft. Der „Everest of Caving" war bezwungen, aber nur um wieder auf unabsehbare Zeit in Ruhe gelassen zu werden. Er hatte Angst und Schrecken verbreitet und würde das auch weiter tun.

Nach unserem Abenteuer am Kinabalu trennte ich mich wieder von Alex. Es war mir nicht gelungen, herauszubekommen, was er wirklich über unser Scheitern, das letztendlich wetterbedingt war, dachte. Er hatte mir keinerlei Vorwürfe gemacht. Im Gegenteil hielt er unseren Abbruch für richtig. Es war für ihn dennoch ärgerlich, akzeptieren zu müssen, dass er dieses Kletterziel nicht erreicht hatte. Auf dem Weg nach unten rutschte ihm dann noch einmal ein Satz heraus, der mich ein bisschen daran zweifeln ließ, ob er nicht vielleicht doch mit dem Gedanken spielte, dass ihn das Wetter nicht zurückgehalten hätte. Er sagte nämlich: „Hätten wir doch ein paar Seile mehr gehabt!" Ich fragte ihn nicht weiter. Aber es war klar, mit Fixseilen werden die Rückwege gesichert. Je mehr Fixseile angelegt werden, desto weiter kommt man. Und das Wetter verliert zum Teil seinen Schrecken. Aber irgendwann, wenn man so viel Material einsetzt, ist es nur noch eine sportliche Übung und die Aktion versprüht gerade so viel Charme wie ein Nachmittag in einem Fitnessstudio.

Epilog

Ich wollte mein Glück noch einmal mit der Rafflesia versuchen. Aber es regnete schon den ganzen Tag. Als ich am Visitor Center in der Crocker Range ankam, sah ich, dass der Bus weg war. An der Stelle war der Graben mit Erde aufgeschüttet. Braunes Wasser ergoss sich quer über die Straße. Offensichtlich hatte man den Bus nach hinten herausrollen lassen. Alles so wie ich es vorgeschlagen hatte. Allerdings hatte man es nicht für nötig gefunden, nach der Rettungsaktion des Busses die Erde gleich wieder dahin zu packen, wo sie nun mit dem Regenwasser hinfloss. Dennoch fühlte ich endlich nach den Enttäuschungen der letzten Tage eine Genugtuung, obwohl ich wieder keine blühende Rafflesia gefunden hatte. Aber was zählt das gegenüber der Tatsache, dass man Menschen geholfen hat?